AF356300

MÉMOIRES

DE MADAME

DE STAAL,

TOME PREMIER.

MÉMOIRES

DE MADAME

DE STAAL,

Écrits par elle-même.

TOME PREMIER.

A LONDRES.

M. DCC. LV.

MÉMOIRES

DE MADAME

DE STAAL,

Ecrits par elle-même.

JE ne me flatte pas que les événemens de ma vie méritent jamais l'attention de personne ; & si je me donne la peine de les écrire, ce n'est que pour m'amuser par le souvenir des choses qui m'ont interessée.

Il m'est arrivé tout le contraire

Tome I.   * A

de ce qu'on voit dans les romans,
où l'héroïne élevée comme une
fimple bergere , fe trouve une
illuftre princeffe. J'ai été traitée dans mon enfance en perfonne de diftinction ; & par la fuite je
découvris que je n'étois rien , &
que rien dans le monde ne m'appartenoit. Mon ame n'ayant pas
pris d'abord le pli que lui devoit
donner la mauvaife fortune, a toujours réfifté à l'abaiffement & à la
fujétion où je me fuis trouvée.
C'eft là l'origine du malheur de
ma vie.

Mon pere fut obligé pour quelque affaire que je n'ai jamais fçue,
de quitter la France & de s'établir
en Angleterre ; ma mere étoit

jeune & belle. Des directeurs
lui firent fcrupule de vivre éloignée de fon mari, & elle l'alla
trouver ; mais s'étant bientôt dé-
plue dans un climat étranger, elle
revint en France groffe de moi,
dont elle accoucha à Paris. Dépourvue des moyens d'y fubfifter,
elle chercha & trouva une retraite
dans l'abbaïe de St Sauveur d'E-
vreux en Normandie. Madame de
la Rochefoucault, qui en étoit abbeffe, la reçut fans penfion, à la
follicitation de quelques amis ; &
lorfqu'il fallut me tirer de nourrice, elle confentit que ma mere
m'allât chercher, & m'amenât
avec elle dans le couvent.

Un peu avant ce temps-là, le roi

Louis XIV voulut s'attribuer la nomination des abbaïes d'Urbaniſtes ; le Pape s'y oppoſa ; & la conteſtation traînant en longueur, les religieuſes nommées à ces abbaïes, ſorties pour en prendre poſſeſſion, ne voulurent pas la plupart rentrer dans leur maiſon, & chercherent, en attendant l'événement, un aſyle dans d'autres couvens.

Meſdames de Grieu de l'abbaïe de Jouarre, du nombre des prétendantes, s'étoient retirées à St Sauveur, où ma mere avoit lié une grande amitié avec elles ; & lorſqu'elle y revint & m'y amena, ces dames, au premier abord, ſe prirent de paſſion pour moi. Leur

déſœuvrement en maiſon étrangere les jettoit dans une eſpece
d'ennui qui fait ſaiſir le premier
objet qu'on rencontre ; elles m'ai-
merent avec la véhémence que
la ſolitude & l'oiſiveté donnent
à toutes ſortes de ſentimens.

J'avois un peu plus de deux
ans, & je faiſois déja de petits diſ-
cours qu'on érigeoit en bons mots
eu égard à mon âge. Je gagnai les
bonnes graces de l'abbeſſe par une
aventure peut-être trop puérile à
raconter. Elle étoit ſœur du duc
de la Rochefoucault ſi connu par
ſon eſprit, & elle en avoit beaucoup auſſi ; mais l'eſprit n'empê-
che pas d'avoir des manies, il les
rend ſeulement plus remarqua-

A iij

bles. Elle avoit établi chez elle l'afyle des chiens malheureux ; les eftropiés, les incurables rempliſ-foient ſon appartement : les uns tomboient du haut-mal, les autres étoient couverts de gale ; ceux qui étoient ſains & jolis, elle ne s'en chargeoit pas , ſûre qu'ils trou-veroient aſſez de reſſources ail-leurs. J'étois ſouvent chez elle avec meſdames de Grieu. Il m'arriva un jour , comme on ſe mettoit à table, de marcher incon-ſidérément ſur la pate d'un de ces infortunés , qui fit de grands cris. L'abbeſſe changea de viſage, & parut ſi irritée , qu'on me dit tout bas de demander pardon. Comme je ne compris pas qu'elle

fût l'offensée , je quittai la table ,
& j'allai me mettre à genoux au
milieu de la falle , vis-à-vis du
chien bleffé , à qui je fis une excufe très-touchante. Cette action
réuffit, & me mit fort bien avec
elle. La marquife de Silleri fa
fœur , & mefdames de faint Poin
& de Boisfevrier fes niéces, toutes femmes de beaucoup d'efprit ,
fe faifoient un divertiffement de
m'entretenir. Véritablement, j'a-
vois plus d'intelligence & de rai-
fonnement qu'on n'en a ordinairement à cet âge ; cela fe peut
dire fans vanité , puifqu'on voit
des enfans qui ont paffé pour des
prodiges d'efprit, devenir des prodiges de fottife.

Ces heureuſes diſpoſitions furent cultivées par toutes les inſ-
truĉtions dont mon âge étoit ſuſceptible. Je ne vivois qu'avec
des perſonnes faites ; cela donne
une tournure raiſonnable à l'eſprit. Elles en ſçavoient aſſez pour
me rendre raiſon de tout ce que
je voulois ſçavoir. Une curioſité
ſatisfaite en faiſoit naître une autre ; je queſtionnois perpétuelle-
ment, & l'on me répondoit toujours. Au lieu de m'endormir avec
les peaud'aſne, on mettoit dans
ma tête les premiers fondemens
de l'hiſtoire ſainte & prophane;&
cela s'y plaçoit ſi bien , que j'en
faiſois des citations à propos. Ce
ſuccès de mon éducation rendit

les perfonnes qui s'en mêloient encore plus paffionnées pour moi. Elles engagerent ma mere à m'abandonner tout-à-fait entre leurs mains.

Madame la ducheffe de Ventadour ayant défiré de l'avoir pour gouvernante de fa fille unique, ma mere accepta cette place à des conditions avantageufes & honorables ; mais fon extrême dévotion, incompatible avec ce nouveau genre de vie, & encore plus avec les inclinations de fon éléve, la lui fit quitter, fans attendre le mariage de Mlle de Ventadour, qui fe fit peu après avec le prince de Turenne.

Ma mere revint au bout d'un

an dans le couvent où elle m'a-
voit laissée à ces dames qui s'é-
toient emparées de moi, & qui
s'y étoient attachées de telle sorte, qu'elles ne voulurent pas à
son retour s'en défaisir ; elles me
regardoient comme leur enfant,
& se faisoient une occupation unique de mon éducation.

Cette vive amitié leur fit défirer une situation qui leur donnât
moyen de me faire plus de bien.
Elles employerent quelques pro-
tections qu'elles avoient à la cour,
pour obtenir une abbaïe. On en
parla long-temps avant que cela
réufsît. Je fis la prédiction que ce
ne feroit que lorfque j'aurois fept
ans. Les fous & les enfans pro-

phétisent quelquefois, parcequ'ils parlent souvent au hasard. C'est un grand événement dans un couvent, quand une religieuse devient abbesse. Les démarches qui tendent à cet objet sont épiées de toutes parts. On eut quelques soupçons des espérances de mesdames de Grieu : & comme on croyoit qu'elles ne me cachoient rien, je fus questionnée ; je répondis des balivernes ; je parlai de ma poupée ; enfin je persuadai que j'étois trop enfant pour qu'on me confiât rien ; & je gardai le secret, sans qu'il m'en coûtât d'altérer la vérité. Je n'avois pas appris à mentir : accoutumée à trouver l'excuse de mes fautes dans leur aveu, rien ne me portoit à chercher des détours. C'eſt la rigueur & la contrainte dont on uſe envers les enfans, qui forcent la plupart à devenir fourbes & menteurs.

Madame de Grieu, l'aînée des deux ſœurs, fut enfin nommée au prieuré de ſaint Louis à Rouen. Elle partit peu après avec ſa ſœur pour s'y rendre, & m'y mena du conſentement de ma mere, qui aſſez embarraſſée d'elle-même, ſe trouva heureuſe d'être défaite de moi. Ces dames s'arrêterent chez un de leurs freres, qui demeuroit dans une jolie terre en ce pays-là. J'étois ravie d'aller, & de voir des objets nouveaux ; le monde croiſ-ſoit ſous mes yeux : je fus encore

plus aife d'arriver à faint Louis.
Peu après j'appris la mort de mon
pere, qui étoit refté en Angleterre ; je ne l'avois jamais vu , & je
ne fçai fi je croyois en avoir un ;
je lui donnai pourtant des larmes ,
je ne me fouviens pas d'où elles
partirent.

Ce couvent de faint Louis étoit
comme un petit état où je ré-
gnois fouverainement. L'abbeffe
& fa fœur ne fongeoient qu'à prévenir mes defirs , & à fatisfaire
mes fantaifies. Je logeois dans fon
appartement, qui étoit agréable &
commode. Quatre perfonnes, tant
religieufes que converfes , employées à me fervir , étoient affez
occupées par la multitude & la

variété de mes volontés. On veut beaucoup quand on n'eſt contraint ſur rien. Les niéces de l'abbeſſe qu'elle avoit priſes auprès d'elle, par déférence pour ſa famille, étoient, quoiqu'avec déplaiſir, mes complaiſantes ; & toute la maiſon ſe trouvoit dans la néceſſité de me faire une eſpece de Cour. Comme tout ce que je voyois m'étoit ſoumis, je n'imaginois pas que je duſſe avoir la moindre complaiſance ; auſſi n'en avois-je aucune, pas même pour ces dames dont l'aveugle tendreſſe m'avoit érigé ce petit empire.

Une penſion qu'elles avoient de leur famille, étoit employée à me payer des maîtres, & à me

donner tout ce qui m'étoit nécef-
faire ou agréable. Elles fe laiffoient
manquer de tout, pour que je ne
manquaffe de rien. Il eft vrai que
je les aimois tendrement ; mais
c'étoit fans connoître combien j'y
étois obligée. Ce qu'on faifoit pour
moi me coûtoit fi peu, qu'il me
fembloit être dans l'ordre naturel.
Ce ne font que nos efforts pour
obtenir quelque chofe , qui nous
en apprennent la valeur. Enfin j'a-
vois acquis, quoiqu'infiniment petite , tous les défauts des Grands :
cela m'a fervi depuis à les excufer
en eux , & m'a fait voir avec quelle
facilité on fe perfuade que tout
eft fait pour foi.

Cette extrême indulgence qu'on

avoit pour mes défauts, les eut fait dégénérer en vices, si heureusement je n'eusse été bien née, & si la dévotion où je me livrai dès mes premieres années, n'avoit réprimé mes passions naissantes, avant qu'elles eussent fait quelques progrès. La religion étoit le seul grand objet que j'eusse devant les yeux ; j'en étois fort instruite ; & j'avois l'esprit si avancé, qu'on m'admit à la participation de ses plus saints mysteres, avant que j'eusse atteint l'âge de huit ans. Cette grace prématurée augmenta ma ferveur. J'aimois la lecture. Il n'y avoit dans la bibliothéque du couvent que des livres de piété : j'en lisois continuellement ; & je pas-

fois

fois le refte du temps en prieres ou en méditations. On craignit que cela n'altérât ma fanté, qui étoit fort délicate; & l'on fongea à réprimer mon zele. La contrainte qui jufqu'alors m'étoit inconnue, rendit mon ardeur plus vive. Je m'échappois, pour paffer en pieux exercices les heures qu'on croyoit employées à mon amufement. J'y mêlois quelques légéres études. Je fus plufieurs années occupée de la forte, avec tant d'attachement, que plaignant les momens employés à autre chofe, je me fis couper les cheveux, pour être plutôt coëffée; je les avois d'une longueur finguliere, & l'ufage étoit alors de les conferver. Les fem-

Tome I.   * B

mes tiennent à leurs agrémens, encore plus qu'à leurs paffions ; celle que j'avois pour la lecture, ne
put m'empêcher de fentir vivement le regret de ce facrifice. J'appris par-là qu'on pouvoit fe repen-
tir. Cette connoiffance rallentit
mon ardeur pour être religieufe.
J'en avois jufqu'alors attendu le
moment avec impatience. Je
commençai à fentir les confé-
quences d'un engagement qu'on
ne peut rompre ; & de-là jufqu'à
l'âge de prendre le voile, ma vo-
cation s'affoiblit tellement, que je
n'y penfai prefque plus.

Il y avoit dans mon couvent
des penfionnaires d'un âge beaucoup plus avancé que le mien ;

je m'attachai à quelques-unes d'elles ; cela fit un peu de diverſion à mes occupations ſérieuſes. Elles me prêterent des romans, dont l'impreſſion fut ſi vive ſur mon eſprit, que je n'ai pas été depuis ſi agitée de mes propres aventures, que je l'étois de celles de ces perſonnages fabuleux. La grande liberté qu'on me laiſſoit, n'empêchoit pas qu'on ne veillât à mes actions ; & comme je n'en cachois aucune, il étoit aiſé de connoître ma conduite. On vit donc que je faiſois de ces lectures dangereuſes, & l'on me dit qu'il y falloit renoncer. Je le fis ſi exactement, qu'étant reſtée tout au travers d'un incident qui me cauſoit une grande inquiétude, je n'en voulus pas voir le dénouement ; & quelque inſtance qu'on me fît pour l'achever ſecrétement, j'y réſiſtai. J'ai fait peu de choſes qui m'aient autant coûté. Cependant l'idée des paſſions me frappa , & les ſentimens qui les forment s'inſinuerent dans mon ame ſans objet déterminé.

Mademoiſelle de Silly que j'avois vue dans mon enfance à S. Sauveur, où elle avoit paſſé quelque temps , vint demeurer à S. Louis. C'étoit une perſonne fort aimable , qui avoit l'eſprit ſolide & cultivé ; plus déterminée par ſes vues , que par ſes ſentimens ; d'un caractere ferme & décidé.

Je m'attachai à elle avec toute la vivacité qu'ont les premiers sentimens. Je ne songeois qu'à lui plaire ; ses goûts devinrent les miens : elle aimoit la lecture ; je lifois tout le jour auprès d'elle. Jufqu'alors je n'avois point trouvé de livres qui puffent exciter ma curiofité , ni la fatisfaire. J'ai depuis fouvent déploré la perte de cinq ou fix années, les plus propres à cultiver l'efprit , que je paffai fans rien apprendre que ce qu'on montre ordinairement à de jeunes filles , comme la mufique , la danfe , à jouer du clavecin ; toutes chofes pour lefquelles je n'avois ni goût, ni talent, & où je ne fis aucun progrès.

Mon abbesse & sa sœur m'a-
voient donné toute la culture que
peut recevoir un enfant; mais elles
n'avoient pas ce qu'il falloit pour
me mener plus loin ; & j'étois de-
meurée en chemin, lorsque mademoiselle de Silly m'ouvrit un nouveau champ. Elle faisoit une espece d'étude de la philosophie de
Descartes. Je me livrai avec un
extrême plaisir à cette entreprise.
Je lus ensuite avec elle la *Recherche de la Vérité*, & me passion-
nai du système de l'auteur. Pour
vérifier si j'y comprenois quelque
chose , je m'attachois à prévoir
les conséquences de ses principes,
que je ne manquois gueres de retrouver. Cela me fit croire que je

l'entendois. Il se peut faire qu'une tête toute neuve, qui n'est imbue d'aucune opinion, reçoive plus aisément des idées abstraites, que celles qui sont déja remplies de diverses pensées propres à s'embarrasser les unes avec les autres. Il est vrai aussi que la passion de connoître est plus vive, quand on n'en a encore ressenti aucune autre, & l'attention plus entiere dans un âge où les soins & les affaires ne la partagent pas.

Je prenois un si grand plaisirà cette prétendue découverte de la vérité, que je ne pouvois souffrir rien de ce qui m'en détournoit. Les amusemens, les sociétés ordinaires, tout me déplaisoit, hors l'étude & les entretiens qui s'y rapportoient. Cependant, à force de penser, j'eus des pensées qui m'inquiéterent. Je craignis que la philosophie n'altérât la foi ; que ces idées métaphysiques ne fuſſent une nourriture trop forte pour un esprit peu capable encore de les bien digérer ; & je pris, au fort de ma paſſion, le parti d'en éloigner l'objet, jusqu'à ce que je puſſe m'y livrer ſans danger. Ce ſacrifice me coûta infiniment ; mais je m'étois accoutumée de bonne heure à me faire violence, & à décider contre mon goût dans les choſes qui me ſembloient douteuſes, perſuadée que l'erreur devoit moins s'y trouver, que du côté oppoſé.

Mademoiſelle de Silly que je conſultai, approuva ma retenue. Aucune penſée ne s'offroit à mon eſprit dont je ne lui fiſſe part. Je l'aimois comme on s'aime ſoi-même, & plus encore, à ce qu'il me ſembloit. J'aurois voulu ſouffrir les maux qui lui étoient deſtinés, pour l'en délivrer; enfin j'allois juſqu'à prendre des gens en averſion, parce qu'ils paroiſſoient avoir plus d'eſtime & d'amitié pour moi que pour elle.

Ce premier attachement, tout extrême qu'il étoit, ne m'empêcha pas de reſſentir quelque légére atteinte d'un ſentiment plus ordinaire. Un frere de mon abbeſſe vint, avec ſa niece, & un homme amoureux de cette niece, paſſer quelque temps au dehors du couvent. Ce fut un ſpectacle nouveau pour moi. Je m'apperçus de leur intelligence, aux premiers mots qu'ils ſe dirent en ma préſence; c'étoit pourtant quelque choſe de fort indifférent. Je m'applaudis de cette découverte; & voulant la ſuivre, je prêtai à leurs démarches une attention qui paſſoit la ſimple curioſité. J'entretenois mademoiſelle de Silly de mes remarques; & comme elle avoit plus d'expérience que moi, elle connut d'abord l'eſpéce d'interêt que j'y prenois. Elle ne voulut pas me développer cette connoiſſance, ſouvent dangereuſe : car il peut arriver qu'on néglige un fentiment dont on ignore la nature, & qu'il fe diffipe de lui-même ; au lieu que celui dont on s'effraye & qu'on entreprend de combattre, fe grave plus profondément dans l'imagination & ne peut que très-difficilement s'en effacer.

Cependant la trifteffe dans laquelle je tombai après le départ de cette compagnie, m'apprit que j'étois touchée des agrémens, quoique médiocres, du chevalier de R..,. qui y faifoit le principal rôle. Sa perfonne, tout ce qu'il avoit dit, jufqu'à fes pièces de luth dont il jouoit parfaitement bien, ne fortoient point de mon efprit. Je fis part à mademoifelle de Silly du trouble où j'étois. Elle m'avoua qu'elle s'en étoit apperçue avant moi, me conseilla de ne m'en point allarmer, & de ne me pas examiner trop curieusement, persuadée que souvent le mal s'augmente par l'attention qu'on y donne. En effet, j'ajoutois des sentimens imaginaires puisés dans les romans, à ce que pouvoit avoir de réel cette premiere inclination, qui véritablement n'étoit pas forte, puisqu'elle ne put tenir contre l'idée d'une union indissoluble. Mademoiselle de Silly s'en servit adroitement, pour guérir en moi ce qu'elle jugea n'être qu'une fantaisie. Elle me présenta cet objet avec une espece de possibilité:

j'en fus d'abord étonnée ; j'y réfléchis beaucoup; & après avoir passé la nuit dans une grande agitation, je trouvai à mon réveil le charme cessé , mon esprit tranquille, mon cœur dégagé , & je ne pensai plus à cette aventure que pour en rire avec mademoiselle de Silly qui m'en avoit si heureusement tirée. Je revis long-temps après ce personnage dépouillé de tout ce que l'illusion lui avoit autrefois prêté. A peine me fut-il reconnoissable ; il ne me resta de l'impression qu'il m'avoit faite, qu'un goût singulier pour le luth & pour la guitarre.

Avant ce léger essai de mes sentimens , j'en avois inspiré d'assez vifs à un homme de beaucoup

d'efprit , qu'une formalité de juftice obligea d'entrer plufieurs
jours de fuite dans mon couvent.
Il m'entretint affez long-temps, &
fut furpris de trouver une fille de
treize à quatorze ans , avec des
connoiffances étrangeres à cet âge.
Monfieur Brunel , c'eft ainfi qu'il
fe nommoit , défira de lier quelque commerce avec moi ; & pour
y parvenir , il engagea mademoifelle de Silly , déja charmée de
fa converfation , à trouver bon
qu'il vînt lui rendre vifite. Elle
y confentit volontiers ; & comme
nous étions inféparables , il me
voyoit en même-temps. Il fe mit
peu à peu fur le pied de venir
paffer toutes les après-dinées à no-

tre parloir, & établit une espéce de galanterie qui se partageoit à peu près également entre mademoiselle de Silly & moi. Je voyois pourtant bien que la balance penchoit de mon côté ; & dans les vers qu'il faisoit pour nous, ce qui s'adressoit à moi, étoit plus tendre & plus naturel : en voici dont je me souviens, qu'il m'adressa au commencement du siecle ; c'est se souvenir d'assez loin.

Que de choses l'on vous dira, &c.

(*Voyez à la fin des Mém.*)

Je m'amusois infiniment de cette société. Monsieur Brunel avoit un discernement exquis, & toutes les connoissances qui ornent l'esprit. Il lui manquoit seu-

lement ces graces qu'on n'acquiert
que dans le commerce du grand
monde, qui pourtant rendent plus
propre à plaire que des avantages
plus solides. Je n'avois aucun
goût pour lui ; mais j'étois flattée
de celui qu'il avoit pour moi. Les
premieres & les dernieres conquêtes font celles dont on se sçait
le plus de gré. Quand on est bien
jeune, c'est quelque chose de
plaire déja ; & c'est beaucoup de
plaire encore, quand on se trouve
sur le retour. Cette affaire m'occupoit sans me toucher. J'étois attentive à démêler ce que monsieur Brunel pensoit pour moi.
Mais s'il s'en expliquoit trop clai-
rement ; s'il sembloit prétendre

quelque

quelque retour , je prenois du dégoût pour lui : car il est vrai que le cœur ne manque gueres de se révolter contre toutes les demandes qu'il ne prévient pas de lui-même. Mais tout indifférent que m'étoit monsieur Brunel, je fus piquée d'apprendre qu'il avoit une ancienne maîtresse, avec laquelle il passoit une partie de sa vie. Cette découverte mit mon imagination assez en mouvement, pour produire les premiers vers qui soient sortis de ma tête. Ils étoient sur un ton ironique, sans regles & sans mesure , parce que je n'en sçavois pas faire. Il y répondit galamment par ceux-ci :

Si j'aime , ou si je n'aime pas, &c.

(Voyez à la fin des Mém.)

Mon dépit se calma ; il ne produisit point de jalousie, ni rien de ce qui appartient à une passion ; aussi n'en avois-je pas pour l'homme dont il s'agit. La liaison qui étoit entre nous subsista jusqu'à la fin de sa vie, qui arriva peu de temps après que j'eus quitté la province. Elle me causa un regret qui dure encore, & ne cessera jamais.

Mademoiselle de Silly, cette amie dont j'étois inséparable, fut obligée de faire un voyage à Paris : son éloignement, quoiqu'il dût être fort court, me causa une douleur au-delà de ce que j'en avois jamais senti. J'eus recours à une occupation nouvelle, pour me tirer de l'espece d'anéantissement où me jetta fon abfence. J'avois remarqué dans mes premieres étu- des, l'inconvénient de ne pas fça- voir un peu de géométrie , & je confervois l'envie d'en prendre quelque teinture. Je m'y détermi- nai alors, par la néceffité d'occu- per mon efprit d'idées qui le rem- pliffent entiérement. Je me livrai donc à cette étude, dont je tirai une utile diverfion. Le meilleur moyen de calmer les troubles de l'efprit , n'eft pas de combattre l'objet qui les caufe ; mais de lui en préfenter d'autres qui le détour- nent & l'éloignent infenfiblement de celui-la. Je profitai long-temps après de cette remarque , dans une occafion d'un autre genre.

C ij

Le couvent de S. Louis étoit prefque ruiné, quand madame de Grieu
en fut abbesse ; une efpece de fa-
mine qui défola la France quelques
années après , acheva de réduire
cette maifon à la derniere mifere.
Les religieufes mal nourries exa-
minerent avec chagrin les dépen-
fes qu'elles crurent faites en partie
à leurs dépens. L'abbeffe & fa
fœur avoient des penfions de leur
famille ; mais on fe perfuada qu'elles ne fuffifoient pas à l'entretien
de fes niéces , & encore moins à
tout ce qu'on faifoit pour moi. Je
devins l'objet des murmures ; ils
engendrerent les cabales, qui alle-
rent jufqu'à infpirer à l'archevêque de Rouen , monfieur Colbert,

la volonté de détruire la maiſon, ou du moins d'obliger l'abbeſſe à la quitter. Il vint faire ſa viſite, écouta les plaintes, & conclut qu'il falloit que madame de Grieu ſe démît de ſon abbaye, ou ſe dé-fît de moi & de ſes niéces. Je ne trouvai moyen de ſoutenir l'at-tente de cet arrêt qui me réduiſoit à la derniere extrémité, qu'en arrêtant l'agitation de mon eſprit par une forte application ſur des matieres abſtraites. Je crois qu'il ſeroit facile d'employer ce moyen, & de le tourner en habitude, ſi l'on s'y accoutumoit de bonne heure ; & qu'on s'épargneroit en partie, par cette voie, les inutiles tourmens de l'inquiétude.

C iij

J'appris, après la visite de l'archevêque, sa décision. L'abbesse & sa sœur étoient au désespoir. Leur douleur m'empêchoit de sentir la mienne. Enfin ayant examiné entre elles & moi, & avec mademoiselle de Silly, revenue depuis long-temps à saint Louis, les partis qu'on pouvoit prendre, l'abbesse s'arrêta à celui d'offrir de se démettre de l'administration du temporel de sa maison, après avoir rendu ses comptes, pour prouver la rectitude de sa conduite; s'engageant de vivre avec sa sœur, ses niéces & moi, sur les pensions qu'elle tiroit de sa famille, sans rien prendre de son bénéfice. C'étoit le meilleur expédient pour me conſerver auprès d'elle, ſans ſoupçon d'être à charge au couvent. Mais pour en venir là, il fallut bien des négociations. L'archevêque avoit nommé un ſupérieur, c'étoit l'abbé de Gouey ; il écrivoit ſans ceſſe à l'abbeſſe ; il falloit lui répondre, & écrire bien d'autres lettres qui l'embarraſſoient extrêmement. Elle me remit ce ſoin ; je crois que l'envie de réuſſir m'apprit à écrire avec une ſorte de dextérité néceſſaire pour traiter des affaires de cette nature ; ces lettres furent approuvées de quelques amis qui la conſeilloient ; elle obtint ce qu'elle ſouhaitoit ; je reſtai auprès d'elle, & l'on ceſſa de la tourmenter.

Quelques années ſe paſſerent de

la forte affez tranquillement. J'eus
enfin le chagrin de me voir féparée
de mademoifelle de Silly, qui retourna chez fon pere, dans un château en baffe Normandie. Cela me
caufa une grande affliction, & mit
beaucoup de vuide dans ma vie.
Ma paffion pour l'étude s'étoit ral-
lentie, depuis que je m'étois apperçue que la vérité qu'on cher-
che s'évanouit au moment qu'on
croit s'en faifir. J'aimois toujours
la lecture comme une occupation
utile & agréable; mais je ne lui
donnois plus les avantages qu'elle n'a pas; & toute paffion s'é-
teint, dès qu'on en voit l'objet tel
qu'il eft.

J'eus la petite vérole peu après

le départ de mademoiſelle de Silly.
Je fus auſſi mal qu'on peut l'être
ſans mourir. Je ne me mis en peine ni de ma vie, ni de ma figure
peu digne de conſidération. Je ne
ſentis que le mal. Il ne m'ôta pas
l'attention de me faire tranſporter,
pour n'expoſer perſonne. J'avois
déja compris, qu'en morale comme en géométrie, le tout eſt plus
grand que ſa partie. Je me prépa-
rai volontiers à la mort. Cependant lorſque je fus guérie, j'eus la
foibleſſe de n'oſer regarder mon
viſage, quelque peu de cas que
j'en fiſſe ; & ce ne fut qu'au bout
de trois ou quatre mois, que je le
rencontrai avec ſurpriſe, en ayant
perdu toute idée. Les femmes qui

comptent le moins fur leurs agrémens , & qui femblent n'y être
point attachées, y tiennent pourtant beaucoup plus qu'elles ne
penfent.

Je me prêtois plus volontiers à
la fociété,depuis que j'étois moins
paffionnée pour la lecture. J'en
formai une affez agréable avec
mefdemoifelles d'Epinay, qui vinrent demeurer quelque temps à St
Louis, & qui m'engagerent,quand
elles en furent forties, à les aller
voir chez une tante, qui les logea
dans fa maifon. Elles avoient un
oncle faifeur de vers, tant bien que
mal, qui m'en adreffoit ; j'y répondois de même. Monfieur de Rey,
ami de ces demoifelles, prit une

grande affeƈtion pour moi. Je n'en fus touchée, que comme on l'eſt toujours de plaire ; mais ce que je connus de la généroſité de ſes ſentimens, me le fit par la ſuite ſinguliérement eſtimer.

Mon abbeſſe tomba dangereuſement malade, & cette maladie me donna lieu de faire de triſtes réflexions ſur mon état. Je n'avois rien, & elle ne pouvoit me rien laiſſer. Je ne me voyois d'autres reſſources que de me faire religieuſe, & j'en avois perdu le goût: encore falloit-il, pour l'être, accepter l'offre qui m'avoit été faite d'une dot par une dame à qui je n'avois pas envie d'être ſi obligée; car l'abbeſſe de ſaint Louis n'étoit pas affez autorifée dans fa maifon, pour m'y faire recevoir avec rien ; & l'état de cette maifon ne comportoit pas une pareille·propofition.

Un jour que j'étois toute occupée de ces penfées, & que j'en entretenois mefdemoifelles d'E-pinay, qui s'interreffoient affez à moi pour mériter ma confiance, monfieur de Rey entra chez elles, & interrompit notre converfation. Il s'apperçut du trouble où j'étois; & lorfque je fus partie, il les preffa de lui dire de quoi il s'agiffoit. Elles lui confierent que c'étoit du deffein de me faire religieufe, par la néceffité de ma fortune. Il fut extrêmement frappé de ce dif-

cours, & vint me voir le lendemain. Il me dit qu'il avoit appris
la réfolution où j'étois; qu'il me
conjuroit de ne me pas rendre
malheureufe pour toute ma vie,
& de me prêter plutôt à ce qu'il
vouloit faire pour moi ; qu'étant
marié, il ne pouvoit m'offrir fa
perfonne; mais qu'il m'affureroit
tout ce qu'il me falloit pour vivre
de la maniere qui me plairoit, en
tel lieu que je voudrois choifir ;
que pour me prouver qu'il ne prétendoit tirer aucun avantage du
bien qu'il vouloit & pouvoit me
faire, il confentiroit, fi j'exigeois
cette condition, de ne me voir
jamais. Je fus étonnée à cette propofition ; & je ne vis rien de bien

net, que le refus que j'en devois faire. Il n'y avoit pas encore de juste mesure dans mes sentimens, & dans les idées que j'avois des choses. Peu s'en fallut que je ne me tinsse offensée de ce qui par la suite m'a paru très-digne d'estime & de reconnoissance, quoique je n'aie pas changé d'opinion sur le parti qu'il y avoit à prendre.

L'abbesse revint heureusement de sa maladie, & je me déterminai à ne songer à ce que je deviendrois, que lorsque je serois privée des ressources que je trouvois dans son amitié.

J'eus encore d'une autre part des offres généreuses, que j'envisageai avec le même dédain. M.

Brunel m'avoit amené comme un de fes amis l'abbé de Vertot, qui paffoit à Rouen. C'étoit un homme d'une imagination exceffivement vive. Je ne fçais fous quel afpect il me vit; mais d'abord il fe tranf-porta d'une violente amitié pour moi. Il entretenoit de mon mé-rite les libraires chez qui il alloit acheter des livres. Comme je ne me défiois point de l'interêt que je lui voyois prendre à ce qui me regardoit, je lui parlai avec affez de confiance de ma fituation & du défaut de reffource où je me trou-vois pour l'avenir. Cela lui fit faire le projet de placer fur ma tête & fur la fienne une fomme d'argent qu'il vouloit mettre à fonds perdu.

Il en parla à des gens de mes amis,
qui me conseillerent d'accepter.
Je ne le voulus pas. Je m'étois
résolue de bonne heure à l'indi-
gence, & j'y trouvois moins d'inconvénient qu'à me charger de
quelque obligation suspecte. Je
reconnus ensuite tous les caracteres d'une passion dans les sentimens de cet abbé, & surtout à
l'opinion si parfaite qu'il avoit de
moi. Je lui disois quelquefois,
lorsqu'il me dépeignoit à moi-même avec tous les traits de sa brillante imagination : » Vous me
» verrez quelque jour telle que
» je suis, & vous en serez bien
» étonné. « Ses empressemens,
quoique retenus par les bienséan-
ces

ces convenables à son état & à son âge, & par le respect qu'inspire le vrai désir de plaire, étoient trop marqués pour ne me pas blesser. Aussi ne parvint-il qu'à me donner un éloignement pour lui, que je n'aurois jamais senti, s'il n'avoit jamais eu aucun goût pour moi.

Un événement inopiné me rapprocha de mademoiselle de Silly, toujours nécessaire au bonheur de ma vie. Madame sa mere vint à Rouen pour un procès, & l'amena avec elle. Je fus charmée de la revoir, & plus encore de la proposition qu'elle me fit de me remmener à Silly, & d'y passer quelque temps du consentement de

madame sa mere , qui m'en témoigna un grand défir. Mon abbeffe
& fa fœur , quoiqu'elles euffent
une répugnance infinie à mon éloignement, y confentirent fans la
moindre réfiftance , ravies de me
procurer de la fatisfaction aux dépens de toute la leur.

Je partis avec la plus grande
joie du monde , dans la compagnie d'une amie que j'aimois toujours très - tendrement. Sa mere
étoit froide , mais polie. Je m'ac-
coutumai bientôt avec elle. J'arrivai dans un affez beau château,
un peu trifte & antique , auffi-bien
que le maître du logis , dont le
commerce étoit fort fec. Je gagnai pourtant fes bonnes graces

en affez peu de temps, & celles
de madame fa femme, qui n'étoit
guere plus acceffible ; & ils me re-
tinrent chez eux tant que j'y voulus bien refter.

Il ne venoit prefque perfonne
dans cette maifon. Le vieux marquis de Silly n'aimoit pas la dépenfe, & la marquife très-dévote
ne fe foucioit guere de compagnie. Je n'y avois encore vu que
quelques gentilshommes du voifinage, qui n'avoient point du tout
attiré mon attention, lorfque le
chevalier d'Herb.... y vint faire
vifite. On le fit jouer une partie
d'ombre, après laquelle il s'en
alla, promettant de revenir & de
faire quelque féjour. Je m'apper-

çus que je défirois qu'il revînt ; j'en cherchai la raifon : je me dis que c'étoit un homme d'efprit & de bonne compagnie, qu'on devoit fouhaiter dans un lieu fi folitaire : & puis examinant fur quoi j'avois fondé l'opinion de fon efprit, & recherchant curieufement ce que je lui avois oui dire , je ne trouvai que *gano, trois matadors, & fans prendre*. Quand il revint & parla davantage, cet efprit, que je lui avois fuppofé gratuitement, difparut : il ne lui refta qu'un fon de voix agréable, qu'effectivement il avoit, & un peu plus l'air du monde qu'aux gens que je voyois ordinairement.

Il venoit fouvent fans être invité , & restoit longtemps sans qu'on fît effort pour le retenir. D'où nous jugeâmes, mademoi-felle de Silly & moi, qu'une de nous deux lui avoit plu : mais il n'étoit pas aisé de discerner sur qui tomboit son choix. Je pariai pour elle , elle pour moi ; & cela devint une affaire entre nous , de découvrir à qui appartenoit cette conquête. Elle étoit véritable-ment des plus minces ; mais dans la solitude les objets se boursou-flent , comme ce que l'on met dans la machine du vuide. Cette contestation ne formoit qu'une plaisanterie entre nous. Les re-marques faites en conséquence , que nous nous rapportions exacte-

D iij

ment, devenoient une occupation par notre défœuvrement. Cependant, quand j'appris qu'il s'étoit déclaré, & que ce n'étoit pas pour moi, je sentis un dépit que je ne connoissois pas. Il fut suivi de mouvemens plus violens, qui me causerent l'espece d'épouvante où l'on est, lorsqu'on se sent tomber dans un abîme dont on ne voit pas le fond. C'étoit la jalousie, avec tous ses appanages ; & c'est la seule atteinte que j'en aie jamais eue, quoique l'occasion ne m'en ait pas manqué, dans des circonstances bien plus propres à la faire ressentir. Ce qui mettoit le comble à mon désespoir, étoit le peu de valeur de mon objet. Revenue du premier trouble, je fis des vers où je difois :

Je rougis de ma foibleffe,
Encor plus de mon amant.

C'étoit une plainte à l'Amour, de m'avoir refufé fon bandeau. Ce défaut d'illufion me fut pourtant bien favorable ; car, s'il n'empêcha pas la violence du mal, il en abrégea la durée. Il ne me refta de cette aventure ridicule, que le fouvenir qu'on a d'une chofe finguliere.

Je l'aurois fupprimée, fi j'écrivois un roman. Je fçais que l'héroïne ne doit avoir qu'un goût ; qu'il doit être pour quelqu'un de parfait, & ne jamais finir : mais le vrai eft comme il peut, & n'a de mérite que d'être ce qu'il eſt. Ses irrégularités ſont ſouvent plus agréables, que la perpétuelle ſymmétrie qu'on retrouve dans tous les ouvrages de l'art.

Après avoir paſſé cinq ou ſix mois à Silly, il fallut retourner à mon couvent. On me fit promettre de revenir l'année ſuivante. La marquiſe de Silly m'en preſſa d'autant plus qu'elle comptoit que ſon fils y viendroit paſſer l'été. Elle ſouhaitoit de lui fournir quelque compagnie propre à lui faire ſupporter le ſéjour de la campagne. Il avoit été du nombre des priſonniers faits à la bataille d'Hochſtet, & menés en Angleterre. L'air de ce pays-là lui ayant cauſé une maladie de confomption, il avoit obtenu de revenir en France fur fa parole ; & les médecins de Paris lui confeilloient d'aller en Normandie prendre fon air natal. M. de Silly avoit paffé fa vie dans le grand monde, & fur un pied agréable. On m'avoit tant parlé de lui, que j'avois grande curiofité de le connoître.

Je fus reçue dans mon couvent avec une extrême joie. J'y vécus comme à mon ordinaire, avec mes amis, monfieur Brunel, mefdemoifelles d'Epinay, & monfieur de Rey qui me témoignoit toujours beaucoup d'attachement. Je découvris pourtant, fur de légers indices, quelque diminution de fes fentimens. J'allois fouvent voir mefdemoifelles d'Epinay, chez qui il étoit prefque toujours. Comme elles demeuroient fort près de mon couvent, je m'en retournois ordinairement à pied, & il ne manquoit pas de me donner la main pour me conduire jufques chez moi. Il y avoit une grande place à paffer; & dans les commencemens de notre connoiffance, il prenoit fon chemin par les côtés de cette place : je vis alors qu'il la traverfoit par le milieu; d'où je jugeai que fon amour étoit au moins diminué de la différence de la diagonale, aux deux côtés du carré.

J'attendois avec impatience le temps de retourner à Silly, quoique mon empreſſement pour cette ancienne amie fût un peu moins vif depuis les ſentimens pénibles que j'avois éprouvés à ſon occaſion. Enfin j'y allai quand la faiſon en fut venue. On attendoit le fils de la maiſon : tout y étoit déja rempli de lui. Il arriva ; chacun fut le recevoir. J'y allai comme les autres, mais un peu moins vîte ; & quand je les joignis, il montoit déja le dégré pour aller dans ſon appartement. Il ſe retourna en donnant quelqu'ordre. Je fus frappée de l'agrément de ſa figure, & d'une certaine contenance noble qu'il avoit, tout à fait différente de ce que j'avois vu juſqu'alors. Il ne fit nul accueil à perſonne, & ſe communiqua peu d'abord. Des livres qu'il avoit apportés faisoient sa compagnie. Il se tenoit dans sa chambre, ou s'alloit promener seul ; & hors l'heure des repas, on ne le voyoit guere. Cependant, quoiqu'il se donnât peu la peine de parler, il parloit si bien & avec tant de graces, que son esprit paroissoit sans qu'il songeât à le montrer.

Ses charmes & ses dédains me piquerent vivement. Sa sœur, qui l'avoit vu plus sociable, n'étoit guere moins blessée que moi ; c'étoit le sujet ordinaire de nos entretiens. Un jour que nous nous promenions dans un bois, où nous croïons être seules, nous laissâmes échapper contre lui, tous les traits de notre reſſentiment. Il étoit aſſez près de nous, ſans que nous l'euſſions apperçu; & comme il vit que nous parlions de lui, il s'arrêta pour nous entendre. Nous nous étions aſſiſes; il ſe cacha derriere quelques arbres, & ne perdit rien de notre converſation. Elle étoit animée de paſſions diverſes: il la trouva digne de ſon attention, & ſentit que nous avions raiſon de nous plaindre d'un mépris que nous ne méritions pas. Il ne ſe montra point: mais quand nous fûmes de retour au château, il nous dit qu'il avoit entendu parler de lui; qu'on en avoit dit beaucoup de mal, & que ce n'étoit pas en riant. On n'a pas envie de rire, lui dis-je, quand on se plaint de vous. Cette réponse naïve lui plut. Je ne m'attendois pas, reprit-il en me regardant, de trouver dans la vallée d'Auge ce que j'y trouve. Ensuite il nous avoua le plaisir qu'il avoit eu d'entendre tout notre entretien, quoiqu'il n'y fût pas épargné. Depuis ce moment là, il nous crut dignes du sien, & ne nous quitta plus. Les promenades, les lectures, tout se faisoit en commun. Je passois donc les jours entiers avec quelqu'un qui me plaisoit infiniment, & à qui pourtant je ne songeois point à plaire. Il me parut impossible qu'un homme accoutumé à vivre avec les plus aimables femmes, & à en être aimé, eût eu la moindre attention pour moi, dépourvue de beauté & des agrémens que donne l'usage du monde. Je fis des vers que je ne montrai pas, qui exprimoient bien cette disposition de mon esprit ; car après avoir fait son portrait, je finissois par dire :

Hélas ! je l'aimerois, si j'étois plus aimable.

Cependant je goûtois la joie de voir sans cesse quelqu'un dont la seule présence faisoit mon bonheur. J'en étois écoutée, même applaudie, & d'une façon si délicate, qu'elle flattoit la vanité, sans rien coûter à la modestie. Je n'ai vu perſonne, depuis que j'ai vu le monde, poſſéder cet art au point que l'avoit monſieur de Silly. Il ſembloit, & il étoit ſi véritablement pénétré des choſes qui lui étoient agréables, qu'elles ne s'effaçoient jamais de ſon ſouvenir. Il en a ſouvent rappellées au mien, que je lui avois dites bien des années auparavant.

C'étoit tellement l'air de la maiſon de n'être occupé que de lui, que je pouvois ſuivre le penchant qui m'y portoit, ſans me diftinguer. Il m'échappoit pourtant quelquefois des traits ſi marqués, qu'on ne pouvoit guere s'y méprendre. Entre autres, lui ayant donné une bourſe qu'on m'avoit

envoyée

envoyée de mon couvent, il jetta la sienne dans la main d'une femme de chambre de sa mere, qui n'étoit pas des moins empressées pour lui. Soit que je voulusse avoir cette bourse, ou la lui ôter, je la saisis en l'air avant qu'elle fût arrivée jusqu'à elle, en présence de la marquise de Silly, femme des plus graves & des plus sévéres. Le sentiment qui a gravé ces petits faits dans ma mémoire, m'en a conservé un souvenir distinct.

J'étois plus jeune par mon peu d'expérience, que par le nombre de mes années. Mais je n'avois encore rien aimé : car cette premiere fantaisie que j'avois eue à quatorze ou quinze ans, n'étoit que l'effet des idées romanesques qui me faisoient désirer d'avoir une passion, pour devenir, à ce qu'il me sembloit, un personnage plus important. L'accès de jalousie que j'éprouvai ensuite, n'étoit que la confusion d'un orgueil humilié de tout point. Cela ne ressembloit en rien aux sentimens qui s'étoient alors emparés de moi. Je ne sçais comment je ne songeai pas à y résister. Il me sembla qu'ils étoient sans danger, parce qu'ils seroient sans retour ; & je crus n'avoir rien à faire qu'à les bien cacher.

La crainte de s'embarquer avec moi, ou de me mettre en occasion de m'expliquer avec lui, rendoit monſieur de Silly attentif à ne me pas trouver ſeule. Je voulois bien déterminément ne lui rien dire ; cependant je ſouhaitois avec paſſion cette rencontre qu'il évitoit avec tant de ſoin. Lorſque j'eus pénétré le motif de ſa circonſpection, je déſirai plus fortement encore d'avoir quelque entretien particulier avec lui, qui le raſſurât & lui fît connoître combien j'étois éloignée d'oublier ce que je me devois à moi-même. J'eus enfin cette ſatisfaction un jour que nous allions faire notre promenade ordinaire. Mademoiſelle de Silly étant incommodée, s'en diſpenſa. La mere, qui ne ſongeoit qu'à l'amuſement de ſon fils, me dit d'aller avec lui. Il n'y eut pas moyen de reculer. Nous allâmes affez loin dans une grande prairie. Il marchoit fans rien dire, beaucoup plus embarraffé que moi. Ce petit triomphe me donna le courage de parler. Ce fut d'abord fur la beauté des champs ; mais n'étant pas encore affez loin des propos que je voulois éviter, de la terre je montai au ciel, & je me jettai tout au travers du fyftême du monde. Je tins ferme dans cette haute région, jufqu'à ce que, de retour au château, nous eûmes rejoint la compagnie. Monfieur de Silly, délivré d'inquiétude, s'étoit prêté de bonne grace à la converfation dont la matiere, quoique grave, avoit été traitée légérement. J'en retirai cet avantage, qu'il vit que je sçavois & me taire & parler. De plus, je goûtai cette joie délicieuse, inconnue à ceux qui ne sçavent pas résister aux mouvemens de leur cœur.

Depuis cela, monsieur de Silly ne m'évita plus. Je ne le fuyois pas, & nous nous rencontrions souvent. Il paroissoit charmé de s'entretenir avec moi, & me faisoit sentir l'estime la plus flatteuse. Il y joignoit un tendre interêt à tout ce qui me regardoit. J'en trouvois la preuve dans de petits avis qu'il me donnoit volontiers. Le succès en étoit infaillible. Enfin je trouvois en lui tout ce que je pouvois défirer , hors l'amour qu'il me fembloit que je ne défi-rois pas. Il m'étoit commode d'ai-mer fans crainte & fans combat , à l'abri de toute foibleffe , & fans autre foin que celui de diffimuler mes fentimens : mais c'eft, comme je l'ai déja dit , ce que je faifois mal ; & je ne puis douter qu'un homme auffi délié , & autant dans le train de la galanterie que l'étoit le marquis de Silly , ne connût parfaitement , & peut-être mieux que moi-même , ce que je penfois pour lui. Il eft vrai qu'il ne m'a jamais laiffé voir qu'il s'en fût ap-perçu , pas même lorfque , par la fuite , nous avons vécu avec une intime confiance. J'ai feulement fçu de fa fœur longtemps après, qu'il avoit été tenté de s'attacher à moi ; mais que, prévoyant bien que cet attachement ne feroit pas éternel, il avoit été retenu par l'eftime que je lui avois infpirée, & par la pitié du trifte fort qu'il me prépareroit. Auffi me difoit-il quelquefois avec exclamation : Ah ! que je haïrois quelqu'un qui feroit affez miférable pour vous tromper !

Mademoifelle D..., qui avoit demeuré dans le couvent de faint Louis avec mademoifelle de Silly & moi, étoit alors dans une terre à une demi-lieue de notre château. Elle fut invitée à nous venir voir. Elle y vint. Le long féjour qu'elle avoit fait en plusieurs cours d'Allemagne, & en Angleterre, donna matiere au marquis de Silly, qui en revenoit, de l'entretenir. Il parut se plaire à sa conversation. On la retint, & elle fut quelques jours avec nous. Les agrémens de monsieur de Silly firent sur elle très-rapidement tout l'effet qu'ils étoient capables de faire. Il n'étoit pas exempt de la coquetterie ordinaire aux gens agréables ; & quoique cette personne fût laide, & n'eût que médiocrement d'esprit, il s'amusa de sa conquête, & ne négligea pas les moyens de se l'assurer. Moins circonspect à son égard qu'au mien, il mettoit en œuvre avec elle les rubriques com-

munes de la galanterie. Je vis cela
fi tranquillement, que j'ai peine
encore à comprendre comment,
ayant reffenti les horreurs de la ja-
loufie pour quelqu'un que je pri-
fois fi peu, je pus alors en être
exempte ; fi ce n'eft que cette paffion tienne plus à la vanité qu'à
l'amour ; & que, ne pouvant m'i-
maginer que j'euffe été pefée dans
la balance qu'emportoit mademoifelle D.., ma gloire ne s'y trouvât
point intereffée. Cette affaire me
parut fi peu férieufe, que la demoifelle étant retournée chez elle, & ayant réfifté aux invitations
qu'on lui avoit faites de revenir,
j'allai la chercher, & la ramenai
avec moi ; charmée d'effacer, par

cette démarche, les indices que tant d'autres, moins mesurées, avoient pu donner de mes sentimens. D'ailleurs j'étois ravie de voir le charme qui m'avoit séduite, produire le même effet de toutes parts. L'excuse de ne l'avoir pas évité, étoit, qu'il fût inévitable. Il y a si peu d'uniformité dans les effets des passions, qu'en même temps que je faisois ce personnage indifférent, j'étois blessée de la moindre attention que monsieur de Silly donnoit à qui que ce fût. Je fus outrée de quelque chose de plus sérieux, qui touchoit précisément à ce que je m'étois réservé, je veux dire, son estime & sa confiance.

Il reçut beaucoup de lettres
& de paquets, fur quoi il eut de
grandes conférences avec fa mere
& fa fœur. Je vis qu'il étoit queftion de quelque affaire importante pour lui, qu'il ne me difoit
pas : cela me fit l'effet d'un outra-
ge ; je ne lui parlois plus ; à peine répondois - je à ce qu'il me difoit. Il remarqua mon mécontentement, fans en pénétrer la caufe ;
& comme il avoit véritablement
de l'amitié pour moi, il voulut
s'en éclaircir, & m'appaifer. Il
m'arrêta donc un jour, comme
j'allois entrer dans l'appartement
de la marquife de Silly ; je traver-
fois fort vîte une falle dans laquelle
il fe promenoit en rêvant ; je fei-

gnis de ne le pas appercevoir : mais lui s'avançant à ma rencontre, me retint, me fit asseoir, & s'assit auprès de moi, me disant qu'il vouloit me parler. Il me parla avec tant de grace, tant de sentiment, répara si bien le défaut de confiance qui m'avoit offensée, parut si touché de ma peine, si flatté de sa cause, que jamais je ne fus plus contente de lui, & plus consolée du pouvoir qu'il avoit pris sur moi. Il étoit tel en effet, qu'il sembloit que son ame régît la mienne ; il n'étoit affecté d'aucun sentiment, qu'il ne s'en trouvât en moi un tout pareil. Sa gaieté, sa tristesse, sa tranquillité, son inquiétude, toutes ses différentes difpofitions devenoient les miennes, non par aucun foin que j'euffe de m'y conformer, mais par un reffort fecret qui les rendoit femblables.

Cette affaire, dont le myftere m'avoit caufé tant de trouble, obligea le marquis de Silly d'aller à la cour plutôt qu'il n'auroit fait, & peut-être plutôt qu'il ne fouhaitoit; car quoiqu'il eût là une maîtreffe, & tout ce qui convient à un homme du bel air, il ne s'ennuyoit pas chez lui. Il y voyoit ce qu'on ne voit pas dans le monde, des fentimens fans art, dont la vérité lui étoit d'autant mieux connue, qu'on s'efforçoit de les lui cacher. Il y goûtoit auffi des entretiens folides, qui offroient à fon efprit de nouvelles connoif-fances, & lui donnoient lieu de fentir fa facilité à les faifir, de quelque efpece qu'elles fuffent. Ses idées étoient vives & nettes: fes expreffions nobles & fimples, faites les unes pour les autres, donnoient une efpéce d'harmonie à fes difcours : on n'y voyoit point de tours recherchés, rien d'affecté. Il avoit trop d'efprit, pour fonger à le faire paroître. Un goût dominant pour la guerre attachoit fes vues à tout ce qui s'y rapportoit : je crois, s'il m'eft permis de juger fur cette matiere, qu'il étoit doué des talens les plus propres pour s'y diftinguer, &

qu'il n'avoit pas moins la capacité que l'air du commandement.
L'ambition étoit le grand reſſort
des mouvemens de ſon ame, &
peut-être en avoit-elle altéré les
vertus. Elle a cauſé ſes torts, &
fait ſon malheur. Il eſt vrai qu'elle
ſembloit moins en lui un déſir de
s'élever, qu'un ſoin de ſe mettre
à ſa place.

Son départ, quoiqu'il ne dût
pas être ſans retour, me cauſa une
vive douleur, dont je ſauvai aſſez
bien les apparences. Mademoiſelle de Silly fondoit en larmes
quand il nous dit adieu ; je déro-
bai les miennes à ſes regards plus
curieux qu'attendris : mais lorſqu'il eut diſparu, je crus avoir

cessé de vivre. Mes yeux accoutumés à le voir, ne regardoient plus rien. Je ne daignois parler, puisqu'il ne m'entendoit pas ; il me semble même que je ne pensois plus. Son image fixe remplissoit uniquement mon esprit. Je sentois cependant que chaque instant l'éloignoit de moi, & ma peine prenoit le même accroissement que la distance qui nous séparoit.

Quelques jours avant le départ de monsieur de Silly, j'avois reçu cette lettre de l'abbé de Ver..... qui s'étoit fait inviter à le venir voir, quoiqu'il ne fût connu dans cette maison, que par la réputation de ses ouvrages.

Lettre de monsieur l'abbé de Ver...
à mademoiselle de L....

J'ATTENDOIS, mademoiselle, «
le retour de monsieur Brunel, «
pour répondre à la lettre que «
vous m'avez fait l'honneur de «
m'écrire, & aux offres obligean- «
tes que j'y ai trouvées, & dans «
celle de monsieur le marquis de «
Silly. Mais apparemment que «
l'enchantement dure encore; «
& je n'espere son retour qu'au «
commencement de la semaine «
prochaine. S'il a autant d'em- «
pressement que moi d'arriver au «
château de Silly, ce sera pour «
la fin de la semaine; & j'ache- «
terois d'un plus long voyage, «

Tome I.   * F

» l'honneur de vous voir, de ren-
» dre mes devoirs à mademoiselle
» de Silly, & l'espérance de par-
» venir à l'amitié de monsieur son
» frere. Je serai trop payé de ma
» course, si je puis jouir à mon
» aise de sa conversation. Nous
» autres pauvres chroniqueurs,
» serions bien heureux d'attrapper
» quelque chose de la délicatesse
» de ses pensées, du tour fin &
» noble de ses expressions, & d'é-
» crire comme il parle ; cela soit
» dit entre nous : mais je vous
» avoue à cœur ouvert, que je
» n'ai vu encore personne s'expli-
» quer avec tant d'esprit & de
» dignité. Un si beau naturel est
» la mortification de l'étude &

d'une pénible réflexion. Jouif-
fez bien long-temps d'une fi
douce fituation. Les graces
dont on dit que toute la perfonne de mademoifelle de Silly
eft environnée, acheveront l'enchantement fans que je m'en
mêle ; & je ne fçais s'il ne faudra point les plus fortes conju-
rations pour vous arracher d'un
lieu fi charmant. L'efpérance
d'être fpectateur de votre féli-
cité, me fera paffer par-deffus
certaine pudeur de philofophie,
& l'honnête honte d'arriver dans
une maifon où je ne fuis point
connu. Votre mérite, celui de
mon compagnon de voyage,
me ferviront de paffeport : &

» il y en a un trop éclatant dans
» l'un & dans l'autre, pour qu'un
» paffe - volant n'échappe pas à
» votre fuite. J'ai eu l'honneur de
» voir deux fois mademoifelle de
» Grieu. Elle m'a dit qu'elle re-
» grettoit à tout moment votre
» abfence. Je l'ai crue fans peine;
» & je me fuis apperçu qu'elle ne
» fouffroit ma converfation, que
» par le plaifir qu'elle avoit de me
» nommer votre nom, & de le
» faire rentrer dans tout ce qui
» faifoit le fujet de notre entre-
» tien. J'ai l'honneur d'être avec
» bien du refpect, mademoifelle,
» votre, &c. «

Une lettre fi conforme à mes

idées, me fit plaisir. Mais l'arrivée de l'abbé avec monsieur Brunel, après le départ du marquis
de Silly, ne me fut que désagréa-
ble, me parut déplacée, & n'être
qu'une équipée dont je craignis
qu'on ne pénétrât le motif. Ils
furent une huitaine de jours à
Silly. Le marquis n'y revint que
long-temps après qu'ils en furent
partis. Je ne sçais pourquoi la joie
que je dus avoir de son retour,
& les circonstances qui l'accom-
pagnerent, se sont échappées de
mon souvenir, si fidéle à conserver tant d'autres minuties moins
propres à se retrouver. Je n'ai
même que des idées confuses de
ce qui se passa depuis ce retour.

Je me souviens seulement qu'il étoit plus sombre & plus rêveur qu'auparavant. Il avoit des momens d'agitation & de trouble, qui sembloient désigner que de nouveaux sentimens s'étoient emparés de son cœur. J'eus quelque pensée d'y avoir part; mais l'éclaircissement fut à ma confusion. Je l'amenai à m'avouer qu'il aimoit, & je vis que ce n'étoit pas moi. Mais il ne vit pas la douleur que j'en ressentis. Sa sœur étoit dans son entiere confidence; il passoit les jours avec elle, & je ne les voyois presque plus.

Le séjour de Silly, où j'avois pris un nouvel être; j'appelle ainsi les changemens que font en nous de nouveaux fentimens ; ce féjour, dis-je, me devint pénible. J'y avois paffé une partie de l'année dans une efpece d'enchantement. Le charme plus développé me jetta dans une profonde trifteffe. Je crus qu'en changeant de lieu, je mettrois quelque variété dans mes idées, & plus de calme dans mon ame. L'hyver approchoit ; mademoifelle de G . . . notre voifine retournoit à Rouen ; je partis avec elle. Apparemment ce départ, que je regardois comme un foulagement, ne me caufa pas une douleur égale à celle que j'eus auparavant, lorfque je vis partir monfieur de Silly ; car je n'en ai pas confervé le même fouvenir.

F iv

Il eſt vrai qu'on eſt ordinairement moins fâché quand on part, que quand on voit partir.

Peu de temps après que je fus de retour à mon couvent, je reçus une lettre de monſieur de Silly. La joie, l'étonnement de voir de ſon écriture, de recevoir une marque de ſon attention, me fit une telle impreſſion, que la forme, le deſſus de cette lettre eſt reſté ſi nettement dans mon imagination, que la recherchant à l'occaſion de ce que j'écris (car je l'ai toujours gardée, comme preſque toutes celles que j'ai eues de lui), je l'ai diſtinguée d'abord entre mille autres. Je ſuis tentée de la mettre ici, pour admirer comment je pus être ſi touchée d'une choſe ſi peu touchante.

Lettre.

J'ai voulu vous laiſſer le «
temps de faire toutes les com- «
miſſions dont vous vous étiez «
chargée , avant que de vous «
donner les miennes. La princi- «
pale & celle que je ſouhaite qui «
faſſe une partie de votre atten- «
tion, c'eſt de revenir bientôt, «
ſans préjudice toutefois des «
plaiſirs, des amuſemens, ou des «
affaires qui pourront vous oc- «
cuper au lieu où vous êtes. Au «
reſte, je vous fais mon compli- «
ment de toutes vos dernieres «
conquêtes. Votre modeſtie, ſans «
doute, vous avoit empêchée de «

» nous les mander ; mais nous en
» sommes inftruits. Adieu, made-
» moifelle. Si l'inquiétude que
» nous avions pour vous, avoit pu
» vous fauver de la fatigue , vous
» feriez arrivée à Rouen faine &
» gaillarde. « *Ce* 29.

Je voudrois avoir la réponfe
que je fis à cette lettre : elle ne
difoit pas plus ; mais il me femble
qu'elle contenoit davantage , &
qu'il y avoit , comme entre les
lignes, ce qui n'étoit exprimé par
aucun mot. Il m'écrivit encore
pour quelques commiffions qu'il
me donnoit. J'étois charmée d'a-
voir ces petites relations avec lui,
jufqu'à ce que je puffe le retrou-

ver lui-même. Je me flattois que ce feroit l'été fuivant; il devoit être chez lui, & j'avois promis d'y retourner.

En attendant, je m'amufai à compofer des contes & des romans, pour donner quelque effor aux fentimens dont mon ame étoit remplie. J'y plaçois différens portraits du même original, que je peignois tantôt de face, & tantôt de profil. Je peignois auffi les perfonnes liées à mes aventures, & moi-même, en ce qui concerne mon caractere & mes fentimens. Ces vains écrits me tenoient lieu de confidens, dont l'ufage m'a toujours paru humiliant & dangereux. Ceux-ci ont gardé mon fecret:

car ils n'ont jamais vu le jour; aussi n'en étoient-ils pas dignes. La fable étoit mal composée. Le style & les sentimens auroient peut-être mérité d'être employés sur un meilleur fonds.

Ce qui ne s'est pas joint à l'idée dont j'étois si uniquement occupée, n'a laissé aucune trace dans ma mémoire. Je ne sçais rien de ce que je fis jusqu'à l'été suivant, temps auquel je comptois de retourner à Silly. Mais les choses changerent de face. Le vieux marquis, que j'avois laissé déjà assez mal, mourut. Les discussions d'affaires, les altercations domestiques qui ne veulent point de témoins étrangers, empêcherent

qu'on me propofât de revenir.
J'en fus outrée ; & pour me dépi-
quer, je liai une partie avec mademoifelle de la Ferté , niéce d'un
préfident au parlement de Rouen,
pour aller avec elle chez fon pere,
dans une terre qu'il avoit à trois
ou quatre lieues de Silly. Je crus
qu'étant là, le marquis & fa mere
ne pourroient fe difpenfer de m'inviter à venir chez eux. Je ne leur
mandai rien de mon voyage.

Il fe fit le plus agréablement du
monde, en partie fur la riviere dans
un batteau , où nous étions fuivis
d'un autre rempli de muficiens qui
jouoient de divers inftrumens.
Monfieur de la Ferté , quoique
vieux, étoit gai & de bonne com-

pagnie; c'étoit un homme d'esprit, qui sçavoit beaucoup de choses, de celles qu'on est bien aise d'entendre. Un de ses freres, abbé, de fort bonne société; sa fille jeune, jolie, aimable; son fils laid & presque imbécille, composoient toute notre troupe.

La riviere se détournant de notre route, nous montâmes dans des carrosses qui nous avoient suivis, & nous fûmes coucher chez une ancienne amie que j'avois, dont la maison se trouvoit sur notre chemin. Le lendemain nous arrivâmes à Roeux; c'étoit la maison de monsieur de la Ferté, ancien château d'une forme bizarre : il représentoit une R Gothique, ainſi que beaucoup d'autres châteaux en Normandie, la premiere lettre du nom qu'ils portent. Les entours en étoient charmans. Des eaux jailliſſantes y faiſoient entendre jour & nuit ce doux murmure propre à calmer les agitations d'un eſprit irrité. La nature y montroit, en raccourci, ce qu'elle a de plus beau & de plus varié: une prairie coupée par divers ruiſſeaux, bordée par des coteaux chargés de bois, qui s'entr'ouvroient, comme pour laiſſer voir la mer dans l'éloignement. Je n'ai point vu, même en peinture, d'auſſi beau payſage que celui qui s'offroit aux yeux de toutes parts dans cette maiſon.

Quelque triftes que fuffent les difpofitions dans lefquelles j'y étois venue, je pris plaifir à y être. Je fus fenfible auffi à celui qu'on me témoignoit de m'y avoir, & furtout à l'eftime finguliere que me marquoit le maître de la maifon, & aux foins qu'il prenoit de m'en rendre le féjour agréable. Nous y avions bonne compagnie, & il ne nous manquoit aucun des amufemens dont on peut jouir à la campagne. Cependant n'ayant pas perdu de vue l'objet qui m'y avoit fait aller, j'écrivis au marquis de Silly, fur je ne fçais quel prétexte ; & il vit, par la date de ma lettre, que j'étois dans fon voifinage. Il m'en marqua fon étonnemen

nement dans fa réponfe , & tint
ferme à ne me rien propofer. J'a-
vois tant d'envie de le voir, que
cela ne me rebuta point. Je recri-
vis, & propofai de la part de monfieur & de mademoifelle de la
Ferté, une vifite qu'ils défiroient
faire à madame fa mere & à lui.
Il me manda que, dans tout autre
temps, il auroit été charmé de les
recevoir ; mais qu'il étoit accablé
d'affaires qui lui rendroient cette
vifite fort à charge. L'excufe fut
reçue d'auffi bonne grace , que la
propofition avoit été faite à mon
inftigation ; car il n'y avoit forte
de complaifance qu'on n'eût pour
moi dans cette maifon. Cependant la marquife de Silly me man-

da que, si je voulois venir seule, on seroit fort aise de me voir ; que la chaise de poste de son fils me prendroit en un lieu où le carrosse de Caën, qui passoit au bout de l'avenue de Roeux, me méneroit. Je mandai aussi-tôt le jour de mon départ, afin de trouver la voiture qu'on me promettoit dans le lieu désigné. L'empressement que j'avois de faire ce voyage, me fit prendre le temps si court, que je ne pouvois plus avoir de réponse avant que de partir. Ce jour arrivé, je me levai de grand matin, quoique je ne pusse me mettre en chemin que l'après-dînée. Je pressois toutes les actions de la journée ; mais le carrosse de Caën n'en arriva pas plutôt. J'allai l'attendre au bout de l'avenue, avec mademoi-selle de la Ferté. Je ne pouvois comprendre pourquoi il ne paroisfoit pas. Enfin il parut , & fans doute à fon heure accoutumée ; & donna autant de regret à ma com-pagnie , que j'eus de joie de le voir. Je m'y embarquai, dans une entiere confiance qu'à une lieue de-là je trouverois la chaife qui devoit me mener à Silly. J'avois fait environ un quart de cette lieue, lorfque les gens du carroffe, difcourant de chofe & d'autre , dirent qu'ils avoient rencontré le marquis de Silly courant la pofte, qui alloit à Verfailles. Si le ciel étoit tombé fur ma tête, je n'aurois pas été plus atterrée, que je le fus par cette nouvelle. Je me voïois en chemin pour aller chercher quelqu'un que je ne trouverois pas, qui ne s'étoit pas mis en peine de m'en avertir, ni de ce que je deviendrois ; car sa chaise, sur laquelle j'avois compté, étoit la seule voiture qu'on me pût fournir pour achever le trajet presque impraticable que j'avois à faire. Je me flattai cependant, jusqu'à ce que je fusse au lieu marqué, qu'on auroit suppléé par quelque moyen au défaut de cette voiture. Mais lorsqu'arrivée en cet endroit appellé le Mérisier, je n'y trouvai ni bêtes, ni gens, ni nouvelles de rien, je tombai dans une espece de défefpoir. J'étois dans un coche que je ne pouvois faire arrêter que pour defcendre & refter dans le grand chemin ; ou il me falloit fuivre la route qui ne me conduifoit pas à Silly. Pendant que je délibérois , il alloit toujours ; & alla fi bien, que j'arrivai à S. Pierre-fur-Dive , où ledit coche devoit coucher ; & il fallut que j'en fiffe autant. Me voilà donc dans une vraie taverne, cela étoit au deffous du cabaret, n'ayant pour tout avec moi qu'un laquais qu'on m'avoit prêté ; je n'avois point de gens qui m'appartinffent. L'horreur de ce gîte, l'inquiétude de me voir fi mal accompagnée, me jetterent dans un trouble où tant d'autres

incidens de ma vie plus confidé-
rables ne m'ont jamais mis, parce
qu'ils fe font trouvés moins difpro-
portionnés à mes forces préfentes.
Quoiqu'alors je ne fuffe pas enfant, je n'étois encore faite à rien :
l'éducation du couvent eft tardive
en fait de courage.

Dès que je fus un peu revenue
à moi, je m'informai à quelle dif-
tance j'étois du château de Silly :
on me dit que je l'avois paffé feulement d'une lieue ; mais qu'il n'y
avoit aucune forte de voiture qui
pût m'y mener d'où j'étois ; &
qu'à moins que je ne priffe un
cheval pour me conduire, il falloit aller à Caën qui étoit encore
quatre lieues par de-là. Si l'on

m'avoit proposé de monter un
dromadaire , je n'aurois pas été
plus épouvantée. Cependant il
fallut me résoudre à prendre ce
parti , & en attendant me coucher dans le plus mauſſade lit que
j'euſſe jamais enviſagé : il étoit
adoſſé à une mince cloiſon, qui ſé-
paroit cette chambre d'une autre
où j'avois vu entrer quelques ſol-
dats & des chartiers. La néceſſité
d'entendre leur propos n'étoit pas
ce qui m'effrayoit le moins. Je fus
bien raſſurée & fort ſurpriſe, quand
j'entendis qu'ils diſputoient de la
rondeur de la terre & des antipo-
des. Quoique je ne puſſe dormir
dans ce repaire d'inſectes, je reſtai du moins aſſez calme juſqu'à la

G iv

pointe du jour, que je fongeai à exécuter mon entreprife. On m'amena un cheval, on me pofa deffus, plutôt comme un paquet que comme une créature vivante ; le laquais qui m'avoit fuivi , le prit par la bride, le mena comme il put. Un guide que j'avois, nous égara ; nous fûmes obligés de laiffer le cheval au bord d'un ruiffeau que je traverfai fur une planche. Il fallut faire le refte du chemin à pied, fans fçavoir où nous étions, par une pluie abondante, & dans les boues renommées du pays d'Auge. J'arrivai enfin au château de Silly , imbibée de fange jufques par deffus la tête , & tellement défigurée que j'eus quelque ſatisfaction de ne pas courir riſque d'être rencontrée par monſieur de Silly ; tant eſt grande pour toute femme la crainte de faire une impreſſion déſagréable.

On me fit beaucoup d'excuſes de ne m'avoir pas averti du con-tretemps ; alléguant la précipita-tion du départ de monſieur de Silly , qui ne lui avoit pas laiſſé le loiſir de reſpirer. Il fallut pren-dre pour bon ce qui ne l'étoit gueres : & après quelque peu de ſéjour, je m'en retournai à Roeux, je ne ſçais plus comment; & de-là avec ma compagnie à Rouen, où je retrouvai mes amis & mes ſo-ciétés ordinaires, à la réſerve de monſieur de Rey dont j'appris la mort subite étant à Roeux. Quoique je ne l'eusse point aimé, & qu'il ne m'aimât plus, j'en fus sensiblement touchée.

Je passai le reste de l'année assez tranquillement dans mon couvent, recevant de temps en temps des lettres du marquis de Silly, toujours pour des choses qui l'interessoient, & rien qui me regardât. J'en étois fort mécontente; mais ce qui irrite les passions ne les éteint pas. Peu de temps après mon retour, mesdemoiselles de Neuville se mirent en pension à saint Louis. L'aînée étoit extrémement jolie & assez aimable. Je fis quelque liaison avec elle. Les femmes n'ont rien de plus pressé que de dire leur fecret : bientôt elle me conta que le fils du vieux comte de Novion l'avoit voulu époufer ; que le pere, après s'y être oppofé, étoit devenu amoureux d'elle, & vouloit lui-même faire le mariage qu'il avoit interdit à fon fils. Elle me protefta que, fi elle faifoit cette fortune, je trouverois un afyle affuré dans fa maifon, en cas que j'en euffe befoin. Elle me montra les lettres que le comte lui écrivoit, me dit fes plans pour exécuter ce projet à l'infçu d'une famille qui ne pouvoit manquer d'y apporter toute forte d'oppofition. Ce comte avoit foixante-dix ans; elle dix-huit, aucun bien, & peu de relief. Ses

espérances me paroissoient chimé-
riques : cependant elle reussit, au
grand mépris de la prudence, par
des démarches fort hazardées.

Je vivois ainsi occupée de différentes choses, sans prévoir l'hor-
rible malheur qui alloit fondre sur
moi. Mon abbesse tomba si dange-
reusement malade , que je vis que
je l'allois perdre. Jamais affliction
ne fut plus grande & plus juste. Je
lui devois tout , & je demeurois
sans aucune ressource. Son état de
religieuse ne lui laissoit nul moyen
de rien faire pour moi. Je ne pensai qu'à elle , pendant sa maladie , qui ne dura que quinze jours.
Mais quand elle ne fut plus, je vis
l'abîme dans lequel j'étois tom-

bée. Ses religieuſes la regretterent morte , autant qu'elles l'avcient perſécutée vivante ; & véritable-ment elle étoit bien regrettable. Je n'ai vu en perſonne un ſi grand fonds de bonté , tant de douceur, d'attention pour les autres , & d'oubli de ſoi-même , ni plus d'exactitude & de reſpect pour tous ſes devoirs. Madame de Grieu ſa ſœur, qui l'aimoit tendre-ment, & ne l'avoit jamais quittée depuis leur premiere enfance, étoit dans un déſeſpoir qui aug-mentoit encore le mien. Elle au-roit dû avoir l'abbaïe ; mais les anciennes cabales s'y oppoſerent, & la firent donner à une religieuſe de la maiſon , qui avoit été à la

tête des mécontentes. Il n'étoit
pas possible dans ces circonstances
que nous restassions à S. Louis.
De plus il y falloit payer une pension. Celle que madame de Grieu
avoit de sa famille, ne suffisoit pas
pour elle & pour moi qui n'avois
rien du tout. Nous ne sçavions
donc que devenir. Elle avoit bien
uneretraite assurée dans l'abbaïe
deJouarre dont elle étoit religieuse;mais elle ne pouvoit se résoudre
à m'abandonner, non plus qu'une
jeune niéce qui lui étoit presque
aussi chere que moi.Elle crut qu'il
nous feroit plus avantageux de
nous mener avec elle dans un couvent de Paris,lieu de ressource où
je pourrois trouver quelque place.

Dans ces circonſtances embar-
raſſantes, le frere Maillard qui étoit
de mes amis , autrefois attaché
au pere de la Chaiſe, alors exilé à
Rouen pour avoir été plus accré-
dité que ſon maître , me vint dire
qu'il avoit reçu une lettre de
change pour payer un quartier de
ma penſion dans le couvent ;
qu'on lui mandoit en même temps
que, ſi j'y voulois reſter, elle ſeroit
continuée exactement , ſans que
je me miſſe en peine de quelle
part cela venoit. Il me dit que la
lettre n'étoit point ſignée , &
qu'en effet il ne ſçavoit de qui elle pouvoit être. Plus la fortune
m'accabloit , plus j'entrepris de
me ſoutenir par moi-même. Je

ne voulus point de reſſource ſuſ-
pecte. Je découvris depuis que cet
inconnu généreux étoit le marquis de Silly.

L'abbé de Ver.. qui étoit à Paris, à qui j'avois mandé en lui ap-
prenant la perte que j'avois faite ,
qu'il ne me reſtoit plus que l'air
que je reſpirois , m'envoya ſur le
champ une lettre de change de 50
piſtoles : je la lui renvoyai le lendemain. Monſieur Brunel voulut
auſſi me donner tout l'argent dont
je pouvois avoir beſoin. Je refuſai
tout, bien déterminée à ne rien accepter , tant que je ſerois dans
l'incertitude de pouvoir jamais
rendre. J'étois au moment le plus
critique de ma vie, Je ſentis le
besoin

befoin que j'avois de me munir de principes inébranlables, qui puſſent répondre de toute ma conduite. Je me réſolus de ſouffrir la miſere, d'aller chercher la ſervitude, plutôt que de démentir mon caractere ; perſuadée qu'il n'y a que nos propres actions qui puiſſent nous dégrader. Je ne me connoîtrois pas, ſi je ne m'étois vue à cette épreuve : elle m'a appris que nous cédons à la néceſſité, moins par ſa force, que par notre foibleſſe. Cependant, ne voulant rien outrer, je pris d'une amie, pour faire mon voyage, une dixaine de piſtoles qu'elle hazarda de me prêter. C'étoit la même qui avoit paſſé quelque temps avec

Tome I.   *   H

moi à Silly. Elle étoit revenue demeurer à saint Louis.

Madame de Grieu fut invitée par un de ses freres, qui avoit une terre en Normandie, de s'arrêter chez lui en allant à Paris, avec sa niéce, fille de ce frere. Il ne lui proposa point de m'y mener; ce qui l'affligea sensiblement. Mademoiselle du Tot, une de mes anciennes amies, d'un mérite rare, m'offrit une retraite chez son oncle, monsieur du Rolet, avec qui elle demeuroit. J'y fus jusqu'au temps que madame de Grieu devoit se rendre à Paris. C'est là que je commençai à sentir le changement de ma fortune. J'avois toujours vécu dans un lieu où j'érois l'objet principal ; où les plus petites choses qui me concernoient faisoient des événemens. Je ne trouvois plus que de simples attentions. J'eus un jour la migraine ; il n'en falloit pas davantage ci-devant pour occuper toute la maison, depuis l'abbesse jusqu'aux sœurs : là on se contenta d'envoyer sçavoir si je n'avois besoin de rien. Je n'oublierai jamais la surprise où je fus de voir traiter si légérement ce que j'avois vu célébrer jusqu'alors avec tant d'appareil. Je me jugeai par là tellement hors de ma sphere, que je ne sçavois plus où me poser. Je passai six semaines dans cette maison, où je reçus pour-

tant toutes fortes de bons trai-
temens.

Mademoifelle du Tot étoit une
fille de beaucoup d'efprit , & fi
parfaitement raifonnable , qu'on
avoit quelque honte de vivre avec
elle , expofé à une critique judi-
cieufe , qu'on ne lui pouvoit rendre. Son oncle , fils d'une madame de la Croifette , qui avoit été
dame - d'honneur de la duchefle
de Longueville , avoit vécu dans
le monde , & en avoit confervé
les manieres dans un âge fort avancé. Je fus d'autant plus fenfible à
l'honnêteté qu'il eut de me recevoir chez lui , que je l'avois of-
fenfé long-temps auparavant , par
une chanfon que je fis fottement

à un dîner qu'il me donnoit, en
affez grande compagnie. Depuis
cela nous ne nous voyions plus.
Mon malheur lui fit oublier ma
faute. Ce fentiment généreux mérite le fouvenir que j'en conferve,
comme le regret que j'eus de mon
indifcrétion.

Pendant que j'attendois le moment de me rendre à Paris, mademoifelle de Neuville, voyant
par les lettres du vieux comte fon
amant, qu'il étoit moins empreffé
de conclure leur mariage, prit la
réfolution d'aller avec fa fœur, &
une efpece de gouvernante qu'elles avoient, le trouver à Paris ;
& d'y loger dans un hôtel garni.
C'étoit à peu près le temps que

madame de Grieu devoit y arriver , & que je voulois m'y rendre.
Mesdemoiselles de Neuville, qui
m'avoient témoigné beaucoup de
sensibilité à mon malheur , m'of-
frirent de me mener avec elles.
Je n'approuvois pas leur voyage ;
mais ne pouvant les en détour-
ner, je profitai de l'occasion. Nous
partîmes ensemble, & nous dé-
barquâmes au petit hôtel de Châ-
tillon , où elles me ménagerent un
logement.

Me voilà donc à Paris , sans sçavoir ce que je deviendrois. J'allai
me présenter chez plusieurs personnes pour lesquelles on m'avoit
donné des lettres de recommandation, afin qu'elles me cherchaf-

fent ce qui s'appelle une condition. Mes plus hautes efpérances
étoient de trouver une place de
gouvernante d'enfant dans une
maifon confidérable. Heureufement j'avois du goût pour cet em-
ploi ; & je croyois que le goût in-
diquoit le talent. C'étoit fe voir
étrangement réduite , pour quelqu'un qui avoit vécu comme j'a-
vois fait , d'aller mandier de porte
en porte la protection de gens à
qui j'étois inconnue , fubir leur
examen & leurs froids dédains. Je
ne tirai rien de ce pénible exercice , & je ceffai d'y avoir recours.

Peu de jours après mon arrivée
à Paris , monfieur Brunel y fit un

voyage, me vint voir, & m'a-
mena monsieur de Fontenelle. Ils
étoient intimes amis dès leur jeu-
nesse, qu'ils avoient passée à Rouen
dont ils étoient l'un & l'autre. La
convenance de leur esprit & de
leur caractere les avoit unis parfaitement. Monsieur Brunel alloit
de temps en temps à Paris pour le
voir, & lui avoit souvent parlé de
moi. Je le connoissois par ses
ouvrages, & principalement par
l'*Histoire de l'académie royale des
Sciences*, qu'il envoyoit chaque
année à son ami, qui ne manquoit
pas de m'en faire part: & grace à la
lumiere que monsieur de Fontenelle répand sur tout ce qu'il ma-
nie, j'en entendois une grande

partie, quoique je duſſe n'en rien entendre du tout. J'avois donc d'avance la haute opinion qu'on doit avoir de lui. Je fus charmée de le connoître, & d'être connue d'un homme ſi célébre, qui pouvoit du moins me rendre dans l'occaſion un témoignage d'un grand poids.

J'étois encore dans mon hôtel garni, où je ne fus que quatre ou cinq jours, quand je reçus une lettre du marquis de Silly. Il m'avoit écrit, deux mois auparavant, un compliment fort ſimple ſur la perte que je venois de faire. Celle-ci étoit remplie de ſages conſeils.

LETTRE.

» L'on m'a dit que vous êtes à
» Paris, mademoiselle. L'interêt
» que je prends à ce qui vous re-
» garde, m'a fait apprendre avec
» plaisir le parti que vous avez
» pris.

» Vous serez peut-être surprise
» de trouver une lettre de moi,
» toute remplie de préceptes : ce
» n'est pas trop mon usage que d'en
» donner, encore moins d'en écri-
» re ; mais vous êtes de mes amies,
» & il m'a semblé que je devois
» vous parler sur ce pied-là.

» Je crois que, dans les vues
» que vous avez, le moins de sé-
» jour que vous pourrez faire dans

une maison garnie, sera le meilleur. Ce n'est point là où je voudrois que vous fissiez vos premieres connoissances.

Ma morale vous paroîtra sé-
vere ; mais il me semble qu'à
votre place je ne voudrois aucun ajustement. Votre âge peut
vous faire tort, & vous avez interêt de le cacher. Je voudrois, par
la même raison, que vous fussiez
un peu circonspecte sur le choix
de vos amis & de vos amies. Je
voudrois aussi que vous fussiez
plus occupée de la réputation
de votre jugement, que de celle
de votre esprit. Servez-vous,
je vous prie, des expressions les
plus simples ; & surtout ne fai-

» tes aucun usage de celles qui
» sont propres aux sciences : quoi-
» qu'elles expriment beaucoup
» mieux, ne succombez point,
» je vous prie, à la tentation de
» vous en servir. Enfin je voudrois
» que vous fussiez occupée uni-
» quement de vous établir d'abord
» une réputation solide, sans cher-
» cher à plaire par les agrémens.
» Mais je crains que ma derniere
» maxime ne soit opposée à la na-
» ture ; l'envie de plaire pourroit
» bien être naturelle à votre sexe.
» Sans renverser l'ordre des cho-
» ses, n'employez que le simple
» pour plaire, & qu'il n'y ait rien
» de recherché dans vos manieres.
» En voilà assez, & peut-être

trop. Adieu, mademoiselle. Je «
vous prie d'être perfuadée que «
vous pouvez compter véritable- «
ment fur moi. «

Cette lettre fait connoître parfaitement l'efpece de fentiment
que monfieur de Silly avoit pour
moi. Je fus fort touchée d'y trouver beaucoup d'amitié, & de véritable interêt à ma conduite ; mais
je fus bleffée d'y voir qu'il me
foupçonnoit de fonger à plaire,
& qu'il prît pour un goût général,
ce qui n'étoit en moi que pour lui.
Je fis réponfe, piquée. Il penfa que
fes avis m'avoient déplu, comme
le marque la lettre que je reçus
quelques jours après. La voici :

LETTRE.

» MA lettre a produit en vous
» l'effet que j'avois imaginé, &
» je n'ai pu m'empêcher de rire
» en la relisant. Le premier mou-
» vement des gens qui ont de l'ef-
» prit, & par conséquent de la va-
» nité, c'est, je crois, de sentir
» les avis comme un air de supé-
» riorité qui blesse.

» Je ne suis pas surpris que vous
» ayez été fâchée de l'idée que j'ai
» eue que vous pouviez songer à
» plaire, & vous vous êtes là jus-
» tement récriée.

» Après cela, il me sembleroit
» assez volontiers, sans vous dé-
» plaire pourtant, que les femmes

y ont quelques dispositions. A
parler sérieusement, je ne l'entendois pas comme vous l'avez
pensé ; je voulois dire, par les
agrémens de votre esprit. Je suis
sûr que vos conversations seront
proportionnées aux gens que
vous verrez : mais quand ceux
avec qui on a accoutumé de vivre, ont de l'esprit & du sçavoir, on se fait aisément une
habitude de se servir de certains
termes. Après tout, je suis fort
persuadé que vous n'avez pas
besoin de conseils. Adieu, mademoiselle. Comptez, je vous
prie, sur moi plus que sur personne.

Madame de Grieu arriva à Paris avec sa niéce quelques jours après moi. Elles rencontrèrent en chemin la marquise de Silly, qui venoit s'y établir, & se mit à la communauté de Miramion. Je fus avec madame de Grieu chez un de ses freres. Celui-là ne s'étoit pas grippé contre moi comme les autres. Il avoit une maison au Marais, où nous demeurâmes jusqu'à ce que nous eussions trouvé un couvent.

J'avois une sœur, qui étoit chez la duchesse de la Ferté. Elle me vint voir dans cette maison. Quelques années auparavant, elle avoit fait un voyage à Rouen pour faire connoissance avec moi; car avant

cela

cela nous ne nous étions jamais vues. Elle avoit alors été bleſſée de la différence de nos ſituations. La conſidération dont je jouiſſois, l'eſpece de reſpect qu'on me rendoit dans un lieu où les maîtres m'étoient ſoumis, lui déplurent : même les attentions qu'on avoit pour elle, ne lui rendant témoignage que de la complaiſance qu'on avoit pour moi, augmentoient ſon dépit. Elle avoit un eſprit naturel, l'air du monde, & une aſſez jolie figure. Je la trouvai aimable : elle, du point de vue dont elle m'enviſagea, ne put avoir que de l'éloignement pour moi. Mais lorſqu'elle me vit déchue de ma gloire, elle ſe rapprocha, me témoigna beaucoup d'amitié, & me donna des nippes dont je commençois à être fort dépourvue.

Nous trouvâmes enfin un couvent; c'étoit la Préſentation, où l'on voulut bien nous recevoir avec de médiocres penſions, madame, mademoiſelle de Grieu, & moi. Il me reſtoit préciſément de quoi y payer un quartier, au bout duquel je ne voyois nulle reſſource. Un peu avant qu'il finît, je tombai aſſez malade pour eſpérer de mourir. On ne meurt jamais à propos : je fus trompée dans mon attente.

Lorſque j'étois dans la convaleſcence, & preſque dans le dé-

fefpoir, ma fœur me vint voir, &
m'annonça avec de grands tranf-
ports de joie la fortune qu'elle
croyoit que j'allois faire. Elle me
dit qu'allant à Verfailles avec madame la ducheffe de la Ferté, elle
lui avoit conté le long du chemin,
qu'elle avoit une fœur cadette qui
avoit été élevée finguliérement
bien dans un couvent de province : elle lui dit que je fçavois
tout ce qui fe peut fçavoir, & lui
fit une énumération des fciences
qu'elle prétendoit que je poffé-
dois, dont elle eftropioit les noms.
Ma fœur, qui ne fçavoit rien, n'a-
voit pas de peine à croire que je
fçavois beaucoup. La ducheffe, qui
n'en fçavoit pas plus qu'elle, adop-

I ij

ta tout, & me crut un prodige :
c'étoit la perfonne du monde qui
s'engouoit le plus violemment.
Elle arriva à Verfailles, l'efprit
frappé de cette prétendue merveille, qu'elle débita partout où
elle fut, principalement chez madame de Ventadour fa fœur, où
étoit le cardinal de Rohan. Elle
s'échauffoit l'imagination en par-
lant, & en difoit cent fois plus
qu'on ne lui en avoit dit. On crut
qu'il falloit s'affurer d'un fi grand
tréfor. Madame la dauphine vivoit encore. On la croyoit groffe;
& l'on penfa que, fi elle accou-
choit d'une fille, je pourrois con-
tribuer à fon éducation. En attendant on décida qu'il falloit me

mettre à Jouarre, auprès de mes-demoiselles de Rohan, qui y étoient toutes trois, pour en faire autant de chefs-d'œuvre.

Ma sœur, après m'avoir fait ce récit, me dit qu'il étoit absolument nécessaire que j'allasse faire mes remerciemens, & me montrer à sa maîtresse ; qu'elle devoit retourner ce jour-là à Versailles ; qu'après lui avoir fait ma révérence, je reviendrois sur le champ. Je n'avois point d'habit honnête pour me présenter ; j'en empruntai un d'une pensionnaire du couvent pour deux ou trois heures ; & après que ma sœur m'eût un peu ajustée, je m'en allai avec elle. Nous arrivâmes chez la du-

cheffe à fon réveil. Elle fut ravie
de me voir, me trouva charmante.
Elle n'avoit garde, au fort de fa
prévention, d'en juger autrement.
Après quelques mots qu'elle me
dit, quelques réponfes fort fimples & peut-être affez plates que
je lui fis, Vraiment, dit-elle, elle
parle à ravir : la voilà tout à propos pour m'écrire une lettre à
monfieur Defmarets, que je veux
qu'il ait tout à l'heure. Tenez,
mademoifelle, on va vous donner
du papier ; vous n'avez qu'à écrire.
Eh quoi, madame, lui répondis-
je fort embarraffée ? Vous tour-
nerez cela comme vous voudrez,
reprit-elle ; il faut que cela foit
bien : je veux qu'il m'accorde ce

que je lui demande. Mais, madame, repris-je, encore il faudroit fçavoir ce que vous lui voulez dire. Eh ! non, vous enten-
dez. Je n'entendois rien du tout ;
j'avois beau infifter, je ne pouvois
la faire expliquer. Énfin rejoi-
gnant les propos découfus qu'elle
lâcha, je compris à peu près de
quoi il s'agiffoit. Je n'en étois
guere plus avancée ; car je ne fçavois point les ufages & le cérémonial des gens titrés; & je voyois
bien qu'elle ne diftingueroit pas
une faute d'ignorance, d'une faute
de bon fens. Je pris pourtant ce
papier qu'on me préfenta, & je
me mis à écrire, pendant qu'elle
fe levoit, fans fçavoir comment je

m'y prendrois ; & écrivant toujours au hazard , je finis cette
lettre , que je lui fus préfenter ,
fort incertaine du fuccès. Eh bien,
s'écria-t-elle , voilà juftement tout
ce que je lui voulois mander. Mais
cela eft admirable , qu'elle ait fi
bien pris ma penfée. Henriette,
votre fœur eft étonnante. Oh !
puifqu'elle écrit fi bien , il faut
qu'elle écrive encore une lettre
pour mon homme d'affaires ; cela
fera fait pendant que je m'habille.
Il ne fallut point la queftionner
cette fois là , fur ce qu'elle vouloit mander. Elle répandit un tor-
rent de paroles , que toute l'attention que j'y donnois ne pouvoit
fuivre ; & je me trouvai encore

plus embarraffée à cette feconde épreuve. Elle avoit nommé fon procureur & fon avocat, qui en-troient pour beaucoup dans cette lettre ; ils m'étoient tout-à-fait inconnus, & malheureufement je pris leurs noms l'un pour l'autre. L'affaire eft bien expliquée, me dit-elle, après avoir lu la lettre : mais je ne comprens pas qu'une fille qui a autant d'efprit que vous en avez, puiffe donner à mon avocat le nom de mon procu-reur. Elle découvrit par-là les bornes de mon génie. Heureu-fement je n'en perdis pas totale-ment fon eftime.

Pendant que j'avois fait toutes ces dépêches, elle avoit fini fa toilette, & ne fongea plus qu'à partir pour Verfailles. Je la fuivis jufqu'à fon carroffe ; & lorfqu'elle y fut montée, & que ma fœur qu'elle menoit eut pris fa place, au moment qu'on alloit fermer la portiere, & que je commençois à refpirer : Je penfe, dit-elle à ma fœur, que je ferai bien de la mener tout à l'heure avec moi. Montez, montez, mademoifelle ; je veux vous faire voir à madame de Ventadour. Je demeurai pétrifiée à cette propofition ; mais, furtout, ce qui me glaça le cœur, fut cet habit emprunté pour deux heures, avec lequel je craignis qu'on ne me fît faire le tour du monde ; & il ne s'en fallut guere. Mais, malgré ces confidérations, il n'y avoit pas moyen de reculer : je n'étois plus au temps d'avoir une volonté, ni de réfifter à celle des autres. Je montai donc le cœur ferré ; elle ne s'en apperçut pas, & parla tout le long du chemin. Elle difoit cent chofes à la fois, qui n'avoient nul rapport l'une à l'autre. Cependant il y avoit tant de vivacité, de naturel & de grace dans fa converfation, qu'on l'écoutoit avec un extrême plaifir. Après m'avoir fait plufieurs queftions, dont elle n'avoit pas attendu la réponfe, Sans doute, me dit-elle, puifque vous fçavez tant de chofes, vous fçavez faire des points pour tirer l'horofcope ; c'eft tout ce que j'aime au monde. Je lui dis que je n'avois pas la moindre idée de cette fcience. Mais à quoi bon, reprit-elle, en avoir appris tant d'autres qui ne fervent à rien ? Je l'affurai que je n'en avois appris aucune ; mais elle ne m'écoutoit déja plus, & fe mit à faire l'éloge de la géomancie, kiromancie, &c. me dit toutes les prédictions qu'on lui avoit faites, dont elle attendoit encore l'événement ; me raconta à ce fujet plufieurs hiftoires mé-morables, enfin fon rêve de la nuit précédente, quantité d'autres auffi remarquables, qui devoient avoir tôt ou tard leur effet. J'écoutai le tout avec beaucoup de foumif-

fion & peu de foi. Enfin nous arrivâmes : elle nous dit, à ma fœur, &
à moi, d'aller à fon appartement,
& qu'enfuite nous irions la trouver chez madame de Ventadour,
où elle defcendit. Elle logeoit à
Verfailles dans les combles du château. Il me fut impoffible d'arriver
au haut du dégré ; & fi quelqu'un
de fes gens, qui nous fuivoient,
ne m'avoient portée pour achever les dernieres marches, j'y ferois reftée. Cette fatigue de corps
& d'efprit me jetta dans un accablement où l'on ne fent plus rien,
& où l'on penfe encore moins. Je
n'avois pas bien compris ce que la
ducheffe nous avoit dit fur ma préfentation à madame de Venta-

dour. Ma sœur ne l'avoit pas mieux entendu ; & je crus qu'il n'y avoit qu'à attendre qu'elle m'envoyât chercher. Nous restâmes ainsi, jusqu'au soir, dans son appartement, où elle rentra furieuse de ce que nous n'avions pas exécuté ses ordres. Ils avoient été mal expliqués ; mais ce n'étoit pas une représentation à lui faire. Elle avoit prétendu qu'on la vînt trouver ; on ne l'avoit pas fait : c'étoit ma fortune manquée. J'écoutai dans un silence respectueux, ses regrets, ses reproches, & tout ce que des sentimens impétueux, non retenus, font dire. Tout étant dit, elle se calma, & ne songea plus qu'au lendemain. Elle dit qu'elle me me-

neroit elle-même chez fa fœur, &
m'y mena. Je trouvai une perfonne d'un caractere tout différent du
fien. La douceur & la férénité
peintes fur fon vifage, annonçoient
le calme de fon efprit, & l'éga-
lité de fon ame. Elle me reçut
avec toute forte de bonté & de
politeffe; me parla de ma mere,
qui avoit été gouvernante de fa
fille; de l'eftime qu'elle avoit pour
elle; du bien qu'elle avoit oui dire
de moi; enfin du défir de me placer convenablement. Enfuite on
me fit voir monfieur le duc de
Bretagne, qui vivoit encore, &
le Roi, qui ne faifoit prefque que
de naître. On dit qu'il falloit auffi
me faire voir les beautés de Ver-

failles ; & l'on me traîna par-tout.
Je pensai expirer de lassitude.

Madame la duchesse de la Ferté avoit déja tant parlé de moi,
qu'on m'observoit comme un objet de curiosité ; & mille gens venoient me regarder, m'examiner,
m'interroger. Elle voulut encore,
pour achever ma journée, que je
fusse au souper du Roi ; & après
m'avoir démêlée dans la foule,
elle me fit remarquer à monsieur
le duc de Bourgogne, qu'elle entretint, pendant une partie du souper, de mes talens & de mon sçavoir prétendu. Elle ne s'en tint
pas là. Le lendemain, étant allée
chez la duchesse de Noailles, elle
me manda d'y venir : j'arrive. Voilà,

là, dit-elle, madame, cette perfonne dont je vous ai entretenue,
qui a un fi grand efprit, qui fçait
tant de chofes. Allons, mademoifelle, parlez. Madame, vous allez voir comme elle parle. Elle
vit que j'héfitois à répondre, &
penfa qu'il falloit m'aider, comme
une chanteufe qui prélude, à qui
l'on indique l'air qu'on défire d'entendre. Parlez un peu de religion,
me dit-elle ; vous direz enfuite autre chofe. Je fus fi confondue,
que cela ne fe peut repréfenter,
& que je ne puis même me fouvenir comment je m'en tirai. Ce
fut fans doute en niant les talens
qu'elle me fuppofoit, &, à ce
qu'il me femble, pas tout-à-fait fi

Tome I.   * K

mal que je l'aurois dû.

Cette scène ridicule fut à peu près répétée dans d'autres maisons où l'on me mena. Je vis donc que j'allois être promenée comme un singe , ou quelqu'autre animal qui fait des tours à la Foire. J'aurois voulu que la terre m'engloutît, plutôt que de continuer à jouer un pareil personnage. J'ai peut-être à me reprocher d'avoir été si choquée des scènes où je me voyois exposée, que j'en aie moins senti ce que je devois au motif de tant de bizarres démarches , qui n'étoit autre qu'un désir immodéré de me faire valoir.

Il y avoit déja trois ou quatre jours que j'étois dans cet état violent, lorfque la duchefſe rentra le foir, fulminant contre madame de Ventadour, & contre le cardinal de Rohan, de ce qu'ils ne concluoient rien fur ce qui me regardoit ; parce qu'il falloit, pour me mettre à Jouarre, donner une penfion que perfonne ne vouloit payer. Eh bien, dit-elle, s'adreffant à ma fœur, puifqu'ils font tant de façons, il n'y a qu'à les laiffer là. Je fuis une affez grande dame pour faire fa fortune, fans avoir befoin d'eux. Je la prendrai chez moi ; elle y fera mieux que par-tout ailleurs. C'étoit tout ce que je craignois. Auffi je reftai fans mouvement, fans parole, ne pouvant me réfoudre de donner le moindre acquiefcement à cette propofition. Sa grande agitation l'empêcha de remarquer mon immobilité. Ma sœur m'en fit de justes reproches, quand nous fûmes seules. Je lui avouai que l'éloignement que j'avois pour cette situation, & la crainte de rien dire qui m'engageât, avoient fufpendu toutes mes paroles.

Le dépit de madame de la Ferté contre fa fœur, la détermina à partir le lendemain ; & je me flattai que j'allois me retrouver dans mon couvent, où j'avois tant d'impatience de me revoir : mais je n'étois pas encore au bout de mes voyages. La duchelle m'annonça qu'elle alloit à Seaux, & qu'elle vouloit m'y mener, pour me faire voir à monfieur de Malefieu, très-capable de juger de ce que je va-lois. Ce me fut un furcroît de dé-folation, d'aller encore me produi-re fur un nouveau théâtre.

Avant qu'elle partît, l'abbé de Vertot, fon parent & fon ami, qui fe trouva à Verfailles, lui vint rendre vifite. Elle lui fit donner un fauteuil, & me laiffa debout, comme elle faifoit volontiers lorf-qu'il y avoit compagnie. Je ne pus me voir d'un air fi foumis devant quelqu'un qui m'avoit toujours rendu les plus profonds homma-ges. Je paffai dans un cabinet, où je répandis quelques larmes que m'arracha l'humiliation de mon état.

Nous fûmes l'après-dîner à
Seaux, où madame la ducheffe de
la Ferté, toujours remplie de fon
objet, ne manqua pas de parler
de moi avec excès. Madame la
ducheffe du Maine accoutumée à
fes exagérations, & rarement attentive à ce qui ne l'intereffe pas,
l'écouta peu ou point. Cependant
elle voulut à toute force me montrer à elle, & l'y fit confentir par
complaifance. Mais madame la
ducheffe du Maine ne s'arrêta guere à me confidérer. Madame de la
Ferté voyant que cette tentative
n'avoit rien rendu, pria monfieur
de Malefieu de me venir voir chez
elle, & de m'entretenir. Il y vint;
fut longtemps avec moi; traita di-

verſes matieres , ſur leſquelles il me trouva aſſez paſſablement inſ-truite. L'envie d'obliger la du-cheſſe de la Ferté , la pente qu'il avoit auſſi-bien qu'elle à l'exagéra-tion , & peut-être la volonté de me ſervir , lui firent confirmer toutes les merveilles qu'elle débi-toit de moi. Ce ſuffrage me mit en honneur dans une cour, où les déciſions de monſieur de Maleſieu avoient la même infaillibilité que celles de Pythagore parmi ſes diſ-ciples. Les diſputes les plus échauffées s'y terminoient, au mo-ment que quelqu'un prononçoit, *il l'a dit.* Il dit donc que j'étois une perſonne rare ; on le crut. On me venoit voir ; on m'écoutoit ;

on ne ceſſoit de m'admirer. Baron,
fameux comédien, qui avoit quitté
le théâtre de Paris depuis près de
trente ans, jouoit alors la comédie à Seaux. Il ſe piquoit d'eſprit : il vint auſſi examiner le mien ;
& dans quelqu'une de ſes viſites,
il me dit d'un air ironique, qu'on
joueroit le lendemain les *Femmes
ſçavantes*, & que ſans doute j'y
ſerois. Je lui répondis de maniere à lui faire connoître qu'il ne me
joueroit pas.

Quoique je fuſſe aſſez conſidérée à Seaux, & qu'il y eût des
ſpectacles & des divertiſſemens
chaque jour ; ce genre de vie, ſi
inaccoutumé à mon corps & à mon
eſprit, m'étoit inſoutenable. La

ducheſſe de la Ferté ne s'en ap-
percevoit pas : car elle me louoit
continuellement, de ce que j'avois
pris tout d'un coup le train du
monde ; que je veillois ; que j'é-
tois toujours prête à tout ; que
rien ne m'incommodoit. Il s'en
falloit bien que je fuſſe à cet égard
ce que je m'efforçois de paroître.
J'étois née avec une ſanté délicate, qui l'étoit devenue encore plus
par le trop grand ſoin qu'on avoit
pris de la ménager. C'étoit un défaut de prévoyance dans les perſonnes qui m'avoient élevée d'une maniere ſi peu conforme à ma fortune;
& c'eſt auſſi par où j'en ai plus ſenti
le changement , & ce qui a fait le
malheur le plus réel de ma vie.

Madame la duchesse de la Ferté retourna enfin à Paris, & me ramena dans mon couvent, à ma grande satisfaction. Elle me fit mille caresses en me quittant ; m'assura que, si l'on ne finissoit pas incessamment mon affaire, elle prendroit d'autres mesures ; & que, de quelque façon que les choses tournassent, je ne serois pas longtemps sans la revoir. Je fus ravie de me retrouver avec madame de Grieu & sa niéce, & de leur raconter mes aventures. Mademoiselle de Grieu devenoit une personne assez raisonnable pour s'attacher à elle. Je la regardois comme ma fille. Elle avoit été mise dans le couvent en sortant de nourrice, sur

le pied d'être mon éléve, pour
satisfaire le goût dominant que j'a-
vois dès mon enfance, d'instruire
& de documenter quelqu'un. Je
n'ai pas été en cela plus heureuse
que Platon, qui ne put trouver une
bicoque pour y établir ses loix.
Personne ne voulut écouter mes
préceptes ; pas même la jeune niè-
ce, qui s'infecta de la jalousie ré-
pandue contre moi dans sa famille, & ne me pardonna l'amitié
de ses tantes, que lorsqu'elle fut
en état de connoître que je n'en
étois pas indigne. Nous nous unî-
mes par la suite plus intimement
que je ne l'ai été avec personne.

Mon couvent n'étoit pas loin de
Miramion : j'y allois voir quelque-

fois la marquife de Silly. J'y trouvai un jour fon fils, qui ne faifoit que paffer à Paris. J'eus une joie bien fenfible de cette rencontre inopinée. Tout ce qui avoit agité mon efprit depuis que je ne l'avois vu, ne l'en avoit pas écarté. Cette idée dominante y avoit toujours confervé fa place, & le pouvoir de m'affecter plus qu'aucune autre. Elle s'y maintint fi conftamment, qu'elle a garanti de toute autre féduction le temps de ma vie qui en étoit le plus fufceptible. L'entrevue fut courte & unique; la mere préfente. Ce que nous dîmes eft effacé.

Peu de jours après mon retour, madame la ducheffe de la Ferté, qui ne me perdoit pas de vue, m'envoya des chanſons qu'avoit faites monſieur de Maleſieu, me manda de la charger d'une lettre pour lui ſur ce ſujet, qu'elle lui porteroit. J'écrivis donc je ne ſçais plus quoi, beaucoup de louanges apparemment. J'en reçus la magni-fique réponſe que voici :

LETTRE.

MADAME la ducheſſe de la «
Ferté étant partie ce matin, ma- «
demoiſelle, ſans que j'en fuſſe «
averti, j'ai manqué l'occaſion «
de lui remettre entre les mains «
le remerciement que je vous «
dois pour l'excellente lettre dont «
vous m'avez honoré. J'avois «
ſans doute grand beſoin de ſon «

» entremife , pour faire valoir ma
» reconnoiffance ; & au lieu que
» ce qu'elle m'a rendu de votre
» part a un prix infini par lui-mê-
» me , & n'avoit que faire de paf-
» fer par des mains capables de fai-
» re valoir les chofes médiocres ,
» j'avoue , mademoifelle , que je
» me fuis privé d'un grand fecours,
» en perdant l'occafion de fupplier
» madame la ducheffe de la Ferté
» de vous témoigner plus vive-
» ment que je ne puis faire , com-
» bien je fuis fenfible à l'honneur
» que vous m'avez fait. Je ne fça-
» vois pas qu'elle vous eût envoyé
» les chanfonnettes de Seaux. Je
» les eftimois , je vous jure , affez
» médiocrement : mais s'il eft bien

vrai, mademoiſelle, qu’elle vous
aient paru, ſur le papier, telles
que vous dites, je les tiens d’un
ordre ſupérieur, & ne ſuis pas
aſſez ennemi de moi - même ,
pour combattre un jugement ſi
ſûr & ſi déciſif.

Vous m’avez ſi bien perſuadé
de la préciſion & de l’infaillibilité de votre jugement, qu’il ne
m’eſt pas poſſible de m’en écar-
ter. Ainſi , mademoiſelle , par
la connoiſſance que vous devez
avoir de vous-même, répondez,
s’il vous plaît, de ce que je dois
penſer de votre mérite. Les gé-
nies ſupérieurs , comme le vôtre, ne peuvent ſe méconnoî-
tre. Ils ſe doivent la juſtice qu’ils

» fçavent rendre aux autres. Rien
» ne leur eft fi intime que leur
» propre pénétration ; & le plus
» grand effort de leur modeftie ne
» doit aller qu'à remercier la pre-
» miere caufe, cet auteur éternel
» des efprits, de les avoir fi bien
» partagés. Vous lui devez, ma-
» demoifelle, plus de reconnoif-
» fance que perfonne. Pour moi,
» j'en dois une infinie à madame
» la ducheffe de la Ferté, d'avoir
» bien voulu me découvrir un fi
» rare tréfor. Je m'eftimerois bien
» heureux, s'il m'étoit permis d'en
» approcher quelquefois ; & fi je
» pouvois, une fois en ma vie,
» vous marquer, par mes fervices,
» l'eftime & le refpect fincere avec
lequel

lequel je suis , mademoiselle , «
votre , &c. *MALESIEU.*   «

A Seaux , le 30 mai 1710.

Madame la duchesse de la Ferté, fort contente du succès de ma lettre, vint bientôt après me chercher, pour me remener à Seaux voir quelque nouvelle fête. Comme elle ne m'avoit pas prévenue, elle trouva bon d'attendre à la porte du couvent le temps qu'il fallut pour mon ajustement, & ne s'impatienta pas, malgré la facilité qu'elle y avoit ; tant l'affection qu'elle me portoit étoit à toute épreuve. Elle m'accabla d'amitiés, quand elle me revit. Je sentois qu'elle en avoit véritablement pour moi. J'aurois

Tome I.   * L

bien voulu pouvoir m'attacher à elle : mais son genre de vie étoit trop opposé à ma façon de penser. Il y avoit d'ailleurs des inconvéniens, qui m'auroient fait préférer toute autre maison à la sienne. Une certaine Louison, anciennement sa femme de chambre, qui s'y étoit rendue maîtresse, & n'auroit pu supporter les distinctions qu'on me destinoit ; ma propre sœur , qui par la suite ne les eût pas vues sans envie ; je voyois dans tout cela une source inépuisable de tracasseries si contraires à mon humeur, qu'il n'y avoit rien qui ne me parût plus supportable. Je pris donc une ferme résolution, quelque chose qui pût arriver , de ne pas donner dans cet écueil; & j'eus grande attention de ne rien mêler aux témoignages de ma reconnoif-fance , qui portât de ce côté - là.

Cependant comme je n'étois pas alors fans efpérance de faire quel-que chofe , je me déterminai à emprunter un peu d'argent , pour continuer de payer ma penfion dans le couvent. Je le pris de mon-fieur Brunel , mon plus ancien ami , en attendant le dénouement qu'on me faifoit efpérer.

J'ai laiffé le voyage de Seaux , qui n'eut rien de remarquable, que beaucoup de fêtes & de plaifirs , où je n'étois guere en état de pren-dre part. La duchesse de la Ferté m'y menoit prefque toutes les fois qu'elle y alloit. J'y voyois toujours monsieur de Malesieu, qui continuoit de me marquer une grande estime.

La duchesse me ramenoit à la Présentation, quelquefois à des heures fort indues pour le couvent. L'abbesse, madame de Riberolles, remplie de bonté, prenoit les clefs, & venoit elle-même m'ouvrir la porte, pour empêcher les religieuses de murmurer.

Les vues qu'on avoit eues du côté de la duchesse de Ventadour, s'évanouissoient. Le cardinal de Rohan, pour éluder, avoit dit qu'il falloit examiner ma doctrine, comme un point capital. L'on sçut que j'étois connue de monsieur de Fontenelle ; & l'on s'informa à lui de mes opinions. Il dit que tout ce qu'il fçavoit à cet égard , étoit que j'avois été élevée dans un couvent gouverné par les Jéfuites. Ce té-moignage ne parut pas fuffifant. On chargea l'abbé de Treffan , de-puis archevêque de Rouen , de m'examiner fur le point dont il s'a-giffoit. Cela s'exécuta dans la mai-fon de la ducheffe de la Ferté , à Paris , où nous nous rendîmes de part & d'autre. C'étoit traiter l'af-faire gravement. L'examen fe paf-fa en plaifanteries , qui me conci-lierent affez la bienveillance de l'examinateur , pour en tirer les plus favorables témoignages , qui pourtant n'aboutirent à rien.

L iij

La duchesse se fortifioit dans le dessein de me prendre chez elle, & n'osoit m'y retenir, de peur de déplaire à cette Louison, à qui elle n'avoit point encore avoué son intention. J'y couchai une nuit, je ne sçais à quelle occasion. Plus je vis la tournure de la maison, plus je craignis d'y être embarquée, & plus je me félicitai de l'obstacle qui en défendoit l'entrée.

L'abbé de V... étoit alors à Paris, & me venoit voir de temps en temps à mon couvent. Un jour que nous étions à un parloir, où il y avoit plusieurs grilles séparées, je vis qu'il saluoit un homme qui étoit à une autre de ces grilles. Je lui demandai qui c'étoit. Il me dit : C'eſt monſieur du Verney, ce fameux anatomiſte. J'avois lu de ſes ouvrages, & je témoignai à l'abbé le cas que je faiſois de lui. Il lui fit ſigne d'avancer , & nous fit faire connoiſſance. Du Verney, l'homme du monde le plus vif, flatté de l'eſtime dont il me trouva prévenue pour lui, s'engoua extrémement de moi. Il étoit intime ami de madame de Vauvray, logée à côté du Jardin-royal , où il demeuroit ; il la voyoit continuellement, & ne manqua pas de lui dire la découverte qu'il avoit faite dans ſon voiſinage, & de lui inſpirer d'en faire uſage. Elle y conſentit d'autant plus aiſément , qu'elle avoit peu de reſſource dans un

L iv

quartier si éloigné. Il vint donc me prier, de sa part, d'aller dîner chez elle, & me dit qu'elle enverroit le lendemain son carrosse me chercher. Je sçavois bien que ce n'étoit pas l'usage de se présenter de la sorte ; mais je n'étois pas en situation d'y regarder de si près. Il me falloit des connoissances, & même des amis, si j'en pouvois faire : cela étoit pressé ; & je n'y pouvois mettre la lenteur de toutes ces petites formalités.

Je fus donc dîner chez madame de Vauvray ; & j'y fus fort bien traitée. J'y trouvai une femme d'une phisionomie singuliere, mais de beaucoup d'esprit ; une belle maison qu'elle avoit fait bâtir ; un

gros domeſtique ; bien des équi-
pages ; une table délicatement ſer-
vie ; d'agréables promenades , tant
de ſon jardin , que de celui des
Simples, dont elle avoit des clefs,
& qui communiquoit avec le ſien.
Tout cela me plut aſſez , pour
être bien-aiſe qu'elle m'invitât de
venir ſouvent chez elle , & d'y
faire même de temps en temps
quelque ſéjour. Elle ne tarda pas
en effet à me renvoyer chercher,
& me retint pluſieurs jours. Ma
ducheſſe étoit, je crois, à Fon-
tainebleau ; & moi libre. Madame
de Vauvray voyoit peu de monde ,
à cauſe de l'éloignement de ſa maiſon ; mais ce qu'elle voyoit, étoit
de très-bonne compagnie. Fer-

ran, son neveu, qui avoit bien de l'esprit, y étoit souvent ; du Verney, tant qu'il en avoit le loisir : enfin je m'y amusois fort, & j'y réussissois assez. Monsieur de Vauvray, quoique peu complaisant pour sa femme, m'y voyoit volontiers. Cependant, un jour qu'il avoit invité beaucoup de monde à dîner, entr'autres les ducs de la Feuillade & de Rohan, l'abbé de Bussy ; madame de Vauvray doutant qu'il convînt de produire une personne inconnue dans cette compagnie, dit à son mari que, comme je faisois maigre, & que la table seroit servie en gras, je mangerois dans sa chambre, où elle resteroit avec moi. C'étoit me sau-

ver le dégoût autant qu'il étoit
poſſible : je ne laiſſai pas de le ſentir , ſans en faire ſemblant. Je l'ex-
hortai d'aller dîner , & l'aſſurai que
je ſçavois manger ſeule : elle ne
le voulut pas. Mais quand on ſe
mit à table , on demanda où elle
étoit : monſieur de Vauvray dit
qu'elle avoit chez elle une perſonne qui n'étoit pas encore aſſez
accoutumée au monde , avec qui
elle dîneroit. On l'envoya prier de
venir, avec ſa compagnie. Le dîner prit un air de gaieté , & un
tour de converſation fort agréable. Je dis quelques mots , qui
réuſſirent ſi bien , que toute l'attention ſe tourna de mon côté. Je
ne la laiſſai pas échapper ; & ce

petit triomphe me fut d'autant plus fenfible , qu'il juftifioit le parti qu'on avoit pris de me produire, & me vengeoit du deffein contraire. On n'y héfita plus par la fuite ; & l'on s'en fit, finon un honneur, du moins un plaifir. J'étois apparemment de bonne compagnie dans ce temps-là ; & quoique je n'en retrouve plus de veftiges, je comprends que cela peut avoir été. J'avois trente ans de moins ; & mon efprit, quoique toujours médiocre, étoit alors foutenu & mis en action par les motifs les plus preffans, tels que le défir de regagner la confidération, & même la fubfiftance , dont je me voyois dépourvue.

J'ai eu l'obligation à madame de Vauvray, de m'avoir fait connoître d'un aſſez grand nombre de gens du monde, & de gens d'eſprit. Elle me menoit dans pluſieurs maiſons ; ce que bien d'autres qu'elle n'auroient peut-être pas voulu hazarder, pour quelqu'un d'auſſi dénuée que je l'étois, de tout ce qui fait valoir dans le monde : & la maniere dont elle me préſentoit, m'attiroit toutes fortes d'agrémens & de bonne volonté de la part des perſonnes chez qui elle me menoit. Un jour que l'abbé de ſaint Pierre dînoit chez elle, avec monſieur de Fontenelle, & que j'y étois, ils raiſonnerent ſur ma ſituation, & ſur les moyens de m'en

procurer une avantageuse. Cet abbé, protecteur du genre humain,
imagina qu'il falloit me proposer à
madame la princesse , pour me
mettre auprès de mademoiselle de
Clermont, qu'elle avoit prise avec
elle , & à qui il paroissoit qu'elle
vouloit donner une éducation
meilleure que ne l'ont ordinairement les princesses. Il nous dit
que l'abbé Couture étoit déja char-
gé de l'instruire de l'histoire, &
de plusieurs choses convenables à
son sexe & à son rang : que je pourrois être proposée comme capable
de suivre de telles vues , & de
l'avancer dans les connoissances
qu'on vouloit lui faire acquérir :
qu'il falloit m'adresser à monsieur

de Malefieu , que je voyois fouvent à Seaux ; le prier d'en faire
l'ouverture à madame la princeffe ,
& de lui rendre bon témoignage
de moi.

Les petits féjours que je faifois
chez madame de Vauvray , ne
m'empêchoient pas d'être toujours
aux ordres de madame la ducheffe
de la Ferté. Je fuivois affez exactement fa marche , pour me retrouver dans mon couvent , quand
elle me venoit chercher. Il n'é-
toit pas à propos qu'elle fçût que
j'en fortiffe pour d'autres que pour
elle.

Bientôt après le plan que nous
avions fait , elle me mena à Seaux.
Monfieur de Malefieu me vint

voir comme à l'ordinaire. Je lui parlai du befoin que j'avois d'une place, qui pût convenir à la façon dont j'avois vécu jufqu'alors, & lui dis mes vues au fujet de mademoifelle de Clermont, dans lefquelles il entra parfaitement, & me promit de me fervir de fon mieux, & le plus promptement qu'il me feroit poffible.

Une heure après cette converfation, il vint me retrouver, & me dit qu'en travaillant à mon affaire, il en avoit fait une autre, qu'il croyoit meilleure ; qu'il avoit voulu m'appuyer, auprès de madame la princeffe, de la recommandation de madame la ducheffe du Maine; & que, lorfqu'il la lui avoit demandée,

demandée, elle lui avoit dit : Mais, monfieur, fi cette fille a tant de mérite, pourquoi la donner à ma niéce ? Ne vaudroit-il pas mieux la prendre pour moi ? Qu'il avoit répondu qu'elle ne pouvoit jamais mieux faire ; que j'étois propre à tout ; & que je ferois fort utile à madame de Malefieu, fa femme, gouvernante de mademoifelle du Maine, pour l'aider dans les foins qu'elle prenoit de fon éducation. Que madame la ducheffe du Maine avoit répliqué : Il faudra faire agréer cela à monfieur le duc du Maine, & que vous le faffiez confentir à cette augmentation de dépenfe. Il n'étoit donc pas queftion alors de la place qu'on me fit remplir depuis.

Cette proposition répondoit tout-à-fait à mes vues, & j'en fus charmée. Je fis mille remercie-mens à monsieur de Malesieu. Il me dit qu'il n'étoit plus question que d'en faire part à madame la duchesse de la Ferté, à qui je n'a-vois encore rien dit. Il ajouta que madame la duchesse du Maine lui en parleroit elle-même, & que ce feroit une affaire finie. Elle le fit en effet : mais la duchesse devint furieuse à cette proposition ; dit qu'elle ne souffriroit pas qu'on lui ôtât une personne qu'elle s'étoit destinée pour faire la douceur de sa vie. Madame la duchesse du Maine lui répondit qu'elle avoit

cru, fur ce qu’on lui en avoit dit ,
qu’on cherchoit à me placer ; d’où
elle avoit jugé qu’elle ne fongeoit
pas à me garder auprès d’elle. Madame la duchesse de la Ferté ,
après avoir répandu toutes fes
plaintes, finit, en difant qu’elle
ne me vouloit pas malgré moi ,
mais qu’il falloit me faire expliquer.

Voilà ce que monfieur de Malefieu, qui me vint parler pour la
troifiéme fois dans cette journée ,
m’apprit, dont je demeurai conf-
ternée. Il me dit : Vous aurez une
explication ce foir, voyez ce que
vous direz. Dictez vous-même ma
réponfe, monfieur, lui répondis-
je : vous avez conduit toute cette

affaire ; je n'y veux fuivre que vos conseils. Il fut d'avis que je diffe à madame la duchesse de la Ferté, que je lui devois tout, & la rendois maîtresse absolue de mon fort. J'aurois mieux fait de lui avouer les raisons qui m'empêchoient d'être à elle, & de la prier de consentir à ce qui se présentoit pour moi. Cela eut été plus franc, plus conforme à mon inclination ; & j'aurois évité les grands inconvéniens dans lesquels ce ménagement me fit tomber : mais je crus devoir me laisser conduire.

Madame de la Ferté vint enfin le soir dans son appartement. Je l'attendois avec frayeur, prévoyant l'orage que j'allois essuyer ;

& plus peinée que de tout le reste, de me voir chargée de torts
envers une perfonne qui m'avoit
comblée d'amitié. Elle entra dans
fa chambre, non point avec ces
éclats qui lui étoient ordinaires,
mais avec une froideur haute. Elle
s'affit tranquillement, & me dit:
J'ai appris avec furprife, mademoifelle, que vous cherchiez à
vous placer; je croyois que vous
comptiez fur moi. Si vous préfé-
rez d'être à une grande princeffe,
cela ne fe devoit pas négocier
fans ma participation. Mais il faut
fçavoir ce que vous penfez, & ce
que vous voulez faire. Tout ce
qui vous plaira, madame, lui ré-
pondis-je: Je fuis dans vos mains,

je vous dois tout ; vous difpofe-
rez de moi à votre gré. Eh bien !
mademoifelle , reprit-elle , puifque j'en fuis la maîtreffe , je ne
vous céderai à perfonne ; & j'aurai foin que vous foyez affez bien
avec moi , pour ne rien regretter.
Elle me dit enfuite qu'elle alloit
me faire accommoder un joli appartement dans fa maifon ; que j'y
vivrois auffi maîtreffe qu'elle ; que
je lui tiendrois compagnie quand
elle y feroit ; & que , lorfqu'elle
iroit à la cour , elle me laifferoit un
équipage à Paris , pour faire tout
ce qui me plairoit.

J'aurois trouvé ce plan de vie
agréable , fi je n'en avois pas con-
fidéré le revers ; fi je n'avois pas

sçu que ma sœur, prise d'abord sur
le pied d'une favorite, étoit devenue femme de chambre ; si je n'a-
vois pas jugé que plus l'entête-
ment pour moi étoit violent,
moins il seroit durable, & plus
il exciteroit la jalousie de cette
troupe de femmes dont sa maison étoit remplie. Car outre la
Louison qui étoit à la tête, ma
sœur, & en sous-ordre d'autres
femmes de chambre ; elle élevoit
une jeune fille, qu'elle avoit nommée Sylvine, belle comme le
jour, ramassée dans les champs, à
la Loupe, l'un de ses terres. Elle
idolâtroit cette nymphe, & n'é-
pargnoit rien pour la décorer, &
pour cultiver ses talens, & entre

M iv

autres fa voix admirable. Cette
vive affection n'empêcha pas que,
dans la fuite, elle n'ait fini par la
fervir comme les autres ; fort auffi
inévitable que celui des amans de
Circé. Qu'aurois-je fait au milieu
de tout cela ? Mais, quels moyens
de m'en tirer ? Je revis monfieur
de Malefieu. Il me dit que l'affaire
étoit fans reffource ; que madame
la ducheffe du Maine ne fe brouil-
leroit pas, pour moi, avec la ducheffe de la Ferté, fon ancienne
amie ; & qu'à moins que je ne
puffe, par moi-même, me déga-
ger d'avec elle, il n'y avoit plus
rien à efpérer.

Dans ce deffein, je pris l'étrange
réfolution de m'étudier à déplaire

à cette perſonne enchantée de moi, que j'aimois : Car tant de marques d'amitié que j'avois reçues d'elle, m'avoient touchée fenſiblement ; d'ailleurs, quoiqu'elle eût de grands défauts, je la trouvois extrémement aimable, & ne lui faiſois pas un démérite perſonnel des inconvéniens dont elle étoit entourée.

Pour comprendre ce qu'il en coûte à l'amour propre & à la bonté du cœur de ſe contrefaire en mal, il faudroit l'avoir éprouvé ; & c'eſt une expérience qui n'eſt pas commune.

J'eus occaſion d'exécuter ce projet ſingulier, dans le voyage qu'elle me fit faire à la Ferté. Elle ne négligea rien pour me le rendre agréable. Elle fçavoit que j'aimois extrémement mademoifelle de Grieu, qui étoit avec moi à la Préfentation ; elle l'engagea à cette partie de campagne, & nous mena l'une & l'autre avec elle. Je fus incommodée en chemin, & ne diffimulai plus, comme j'avois coutume de faire. Je me laiffai aller à mes différentes humeurs, qui devoient lui paroître d'autant plus choquantes, qu'elle n'en avoit rien apperçu jufqu'alors. Je contrariois ce qui n'étoit pas de mon goût ; je difois ma penfée, fans la mettre d'accord avec les fiennes ; enfin je me donnois toute liberté, mais avec plus d'effort que ne m'eût fait la contrainte. Elle en fut bleſſée, ſans prendre le dégoût que je voulois lui inſpirer ; entre-priſe d'autant plus difficile à ſui-vre, que jamais je ne l'avois vue ni plus aimable, ni de meilleure compagnie. Elle dépoſoit à la cam-pagne un air de hauteur, qu'el-le maintenoit à la cour & aux environs. On y vivoit avec elle dans la plus grande familiarité. Elle la portoit ſi loin, qu'elle aſ-ſembloit non-ſeulement ſes do-meſtiques, mais tous les gens qui fourniſſoient ſa maiſon, comme boucher, boulanger, &c. les met-toit autour d'une grande table, & jouoit avec eux une eſpece de lanſquenet. Elle me diſoit à l'oreille : Je les triche ; mais c'eſt qu'ils me volent.

Nous fûmes une quinzaine de jours à la Ferté : c'eſt un très-beau lieu. J'y avois mon intime amie, nous y faiſions de belles promenades, & bonne chere, quoique la ducheſſe n'eût pas amené ſon cuiſinier, contre qui elle s'étoit piquée, parce qu'il lui avoit demandé des lardoires. Voilà, lui dit-elle, comment les grandes maiſons ſe ruinent : toujours des lardoires. Il en a coûté au maréchal de la Ferté douze cent mille francs pour des lardoires. J'aime mieux que mon concierge me faſſe à manger. Ainſi fut fait. Au retour de notre voyage, elle me dit : Votre

logement chez moi n'est pas encore prêt, j'y vais faire travailler ;
vous passerez ce temps-là dans votre couvent : j'y payerai votre pension. J'y retournai avec joie, &
quelque espérance que, de délais
en délais, il pourroit arriver un
dénouement favorable. En effet, la crainte d'aliéner Louison,
& quelqu'autre embarras qu'elle
avoit actuellement, lui firent encore différer mon entrée chez elle,
que je croyois devoir être vers la
fin de l'année. Mais dans ce temps-
là elle m'écrivit, & me demanda
des projets de lettres pour le roi
& la reine d'Espagne, monsieur
de Vendôme & madame des Ur-
sins, sur le gain d'une bataille,

dont elle vouloit leur faire compliment. Elle me marquoit, à la fin de la sienne, de payer à mon abbesse pour le mois de janvier : qu'il falloit qu'elle fût encore privée de moi ce temps-là ; mais qu'elle ne m'en aimoit pas moins. . . Le renouvellement de l'année me donna occasion d'écrire à monsieur de Malesieu. Je ne l'avois pas vu depuis mon affaire échouée, la duchesse n'ayant plus voulu me remener à Seaux. Ma lettre n'étoit que des complimens usités dans cette saison. Monsieur de Malesieu y répondit par celle-ci :

LETTRE.

A Versailles, le 16 janvier 1711.

JE veux mal de mort à la poste,
mademoiselle, de m'avoir re-
tardé de quinze jours le précieux témoignage de votre souvenir. Je reçois dans le moment
la lettre que vous m'avez fait
l'honneur de m'écrire le premier jour de cette année. La di-
ligence n'est pas bien grande par
rapport au chemin : Mais ce qui
me fâche encore plus, mademoiselle, en lisant votre lettre, c'est
d'apprendre que vous êtes encore dans votre couvent : j'aurois cru, sur cela, madame la

» duchesse de la Ferté partie pour
» quelque voyage de long cours,
» si je n'avois eu l'honneur de la
» voir ici dans les premiers jours
» de ce mois. Je ne sçais donc quel-
» le interprétation donner à la con-
» tinuation de votre clôture. Ma-
» dame la duchesse de la Ferté me
» fit l'honneur, à Seaux, de me
» parler de vous avec tant d'esti-
» me, & un si grand désir de vous
» attacher à elle ; sur la proposition
» que je lui fis, de la part de ma-
» dame la duchesse du Maine,
» elle me témoigna avec des ter-
» mes si obligeans, à quel point el-
» le vous jugeoit nécessaire à la
» conduite de ses affaires, & à sa
» propre satisfaction, que je vous

avoue,

avoue, mademoiſelle, que je lui «
conſeillai de ſuivre ſon inclina- «
tion ; & de garder, pour elle- «
même, une perſonne dont elle «
connoiſſoit ſi bien les rares quali- «
tés. Je n'avois donc garde d'ima- «
giner aujourd'hui que vos con- «
ditions ne fuſſent pas encore fai- «
tes avec cette dame, qui, cer- «
tainement, a un goût excellent «
pour le mérite, & qui m'a paru «
en effet ſi prévenue pour le vôtre. «
Quand j'aurai l'honneur de la «
voir, je tâcherai d'avoir l'expli- «
cation de cette énigme. J'ai l'hon- «
neur d'être, mademoiſelle, très- «
reſpectueuſement, votre, &c. «

Sur cette lettre de monſieur de

Malesieu, je lui mandai, que j'avois sujet de croire que madame la duchesse de la Ferté ne songeoit plus à m'attacher à elle; que je pouvois me regarder comme libre à cet égard, & profiter des bontés de madame la duchesse du Maine, s'il y avoit encore lieu d'y prétendre. Il montra cette lettre à la duchesse de la Ferté, qui, outrée, me fit mander dans le moment par ma sœur, qu'elle ne vouloit plus entendre parler de moi. Je fus au désespoir qu'il la lui eût fait voir, & m'eût attiré par-là toute son indignation, que j'avois en effet méritée. C'est, à ce qu'il me semble, l'endroit le plus défectueux de ma vie : Car quoique ma sœur, qui vraifemblablement ne me vouloit pas avec elle, m'eût exagéré les irréfolutions de la ducheffe, & fait entendre qu'elle ne fe détermine-roit point à me mettre dans fa mai-fon, & me laifferoit toujours en l'air ; je n'en devois pas être affez perfuadée , pour l'affurer fi po-fitivement à monfieur de Male-fieu. Cependant je lui récrivis, pour lui apprendre cette entiere rupture. Voici la réponfe qu'il me fit :

LETTRE.

A Verfailles, le 24 janvier 1711.

J'AI lu à madame la ducheffe du «
Maine la derniere lettre que «
vous m'avez fait l'honneur de «

» m'écrire. S. A. S. n'a pas été
» peu furprife d'y apprendre que
» madame la duchefse de la Ferté
» vous a renvoyé votre parole par
» mademoifelle votre fœur. Elle
» m'ordonne, mademoifelle, de
» vous mander qu'au printemps pro-
» chain, c'eft-à-dire vers le temps
» qu'elle ira s'établir à Seaux, elle
» exécutera le projet qu'elle avoit
» formé ci-devant. Elle aura ce-
» pendant le loifir d'en reparler à
» madame la duchefse de la Ferté,
» de la bouche de laquelle vous
» voyez bien qu'elle ne peut fe dif-
» penfer d'apprendre qu'on vous
» rend la liberté de fonger à un
» nouvel engagement. C'eft un de-
» voir d'honnêteté, auquel mada-

me la duchesse du Maine se croit «
engagée. Je serai ravie, made- «
moiselle, quand l'affaire sera con- «
clue selon vos souhaits. Deux «
ou trois mois de retard ne la fe- «
ront pas manquer. Je suis, ma- «
demoiselle, au-delà de toute ex- «
pression, votre, &c. «

Cette lettre me donna assuran-
ce de mon fort, que je ne pré-
voyois pas alors être tel qu'il le
fut. Je restai cependant encore
huit mois à la Présentation. J'en
sortois peu, craignant de recevoir des ordres qui ne m'y trou-
vassent pas, ou de rendre ma conduite suspecte. Je n'entendis parler de rien que quatre ou cinq
mois après.   N iij

Il ne m'est resté qu'un souvenir confus de ce qui remplit ce temps-là. Je sçais seulement que monsieur de Silly, informé par sa mere de ce qui me regardoit, m'écrivit, de l'armée où il étoit alors, cette lettre :

LETTRE.

Au camp de Folleu, ce 17 août.

» JE croyois que vous me con-
» noissiez mieux que vous ne fai-
» tes. Où avez-vous donc pris que
» les situations servent de regles à
» mon estime & à mon amitié ? Je
» sçais trop bien que la fortune dé-
» pend plus du hazard, ou des con-
» jonctures, que du mérite. Je suis
» fort aise des espérances que vous

avez. Je le ferai encore bien da- «
vantage, quand vous ferez pla- «
cée comme je le défire. «

C'eft un acheminement à tout «
que de la confidération ; tâchez , «
je vous prie, d'en faire un prompt «
ufage. L'envie la fuit de près, «
dans un temps où peu de gens «
s'en attirent. Je vous prie auffi de «
chercher à plaire , d'être com- «
plaifante , & de ne faire voir de «
votre efprit que ce qui convien- «
dra à ceux à qui vous parlerez : «
Surtout qu'on ne puiffe pas vous «
imaginer capable de gouverner. «
Contentez-vous de montrer un «
caractere fage , avec des talens «
agréables. L'on aime bien mieux «
cela que de l'efprit ; le premier «

» plaît, & le dernier se fait crain-
» dre. Je suis sûr que vous avez
» pensé tout ce que je vous man-
» de ; & je ne vous le répete, que
» pour vous faire voir que je pense
» comme vous.

» Mandez-moi plus particulié-
» rement de vos nouvelles, &
» comptez sur l'interêt que je
» prends à ce qui vous regarde.
» Adieu, mademoiselle.

Je commençois à m'inquiéter de
n'entendre parler de rien, lorsque
ma sœur m'apporta une lettre de
madame la duchesse de la Ferté, &
celle-ci de monsieur de Malesieu.

LETTRE.

ENFIN , mademoiselle , le «
temps eſt arrivé. Madame la du- «
cheſſe du Maine m'ordonne de «
vous mander , de ſa part , que «
vous pouvez venir dans trois ou «
quatre jours. Madame la duchef- «
fe de la Ferté lui parla derniére- «
ment ſi bien de vous , qu'elle l'a «
déterminée à ne pas différer plus «
longtemps. Je me fais un grand «
plaiſir , mademoiſelle , d'être «
bientôt à portée de vous rendre «
quelques petits offices, & de vous «
témoigner en effet que je ſuis , «
au-delà de toute expreſſion , vo- «
tre très-humble , &c. « *A Seaux,*
le 11 ſeptembre 1711.

Je ne mets pas ici la lettre fou-droyante que m'écrivit madame de la Ferté, quoique je l'aie encore; parce qu'elle ne m'a paru digne, ni d'elle, ni de moi. Elle me marquoit de me rendre le lende-main matin à Seaux, pour qu'elle me préfentât elle - même à leurs alteffes féréniffimes. Ma fœur m'apprit, après m'avoir remis ces deux lettres, qu'une femme de chambre de madame la ducheffe du Maine s'étoit retirée; qu'on avoit jugé que cette place feroit affez bonne pour moi, dont l'éclat étoit paffé; que la ducheffe de la Ferté, y trouvant l'occafion de fe venger, avoit appuyé la propofi-tion, & fe faifoit un régal de me préfenter fur ce pied-là.

Je vis ma perte dans cet événement; & je fentis que le caractere
indélébile de femme de chambre
ne laiffoit plus de retour à ma fortune. Cependant il n'y avoit pas
moyen de reculer. Je ne pouvois
ni démentir les démarches que
j'avois faites pour être à madame
la ducheffe du Maine, ni infifter
fur les conditions avec une perfonne comme elle. Je me voyois haïe
de la ducheffe de la Ferté, autant
que j'en avois été aimée, fans appui, fans reffource. Il fallut fubir
le joug.

Je me rendis donc à Seaux aux
ordres de la ducheffe. Elle me mena comme en triomphe, & me

présenta à la princesse, qui à peine jetta un regard sur moi. Elle continua de me traîner, attachée à son char, chez toutes les personnes à qui je devois être présentée. Je la suivois avec la contenance d'un captif vaincu. Ce cérémonial achevé, elle me dit que je n'avois plus besoin d'elle, & qu'elle ne vouloit avoir à l'avenir aucune relation avec moi. Je ressentois encore plus la perte de son amitié, que les effets de son ressentiment.

Je passai ce premier jour dans un égarement d'esprit, qui ne m'en a laissé aucun souvenir distinct. Je sçais seulement que je fus étrangement surprise, en voyant la demeure qui m'étoit deſtinée. C'étoit un entreſol ſi bas, & ſi ſombre, que j'y marchois pliée & à tâtons : on ne pouvoit y reſpirer, faute d'air ; ni s'y chauffer, faute de cheminée. Ce logement me parut ſi inſoutenable, que j'en voulus faire quelque repréſentation à monſieur de Maleſieu. Il ne m'écouta pas. A toutes les prévenances qu'il m'avoit faites, à toute l'eſtime qu'il m'avoit témoignée, ſuccéderent les dédains qu'on a pour la valetaille. Je ne m'y expoſai plus. Tous ceux qui m'avoient recherchée dans la maiſon, m'abandonnerent de même, dès que j'y fus miſe à ſi bas prix.

J'entrai en fonction. On me

donna pour mon partage ce qui s'appelle, en termes de l'art, les chemiſes à bâtir. Je me trouvai fort embarraſſée. Je n'avois jamais fait que les petits ouvrages dont on s'amuſe dans les couvents, & je n'entendois rien aux autres. Je paſſai la journée, tant à prendre les meſures, qu'à exécuter cette grande entrepriſe; & quand madame la ducheſſe du Maine eut mis ſa chemiſe, elle trouva dans le bras, ce qui devoit être au coude. Elle demanda qui avoit fait cette belle opération : on répondit que c'étoit moi. Elle dit, ſans s'émouvoir, que je ne ſçavois pas travailler, & qu'il falloit laiſſer ce ſoin à une autre. Je me con-

folai du mauvais fuccès par fes
fuites. Il eſt pourtant vrai que, de
la meilleure foi du monde, j'a-
vois fait tout le mieux qu'il m'avoit
été poſſible ; mais avec cette bonne volonté, je rempliſſois mal mon
miniſtere. J'ai cent fois admiré la
patience avec laquelle cette princeſſe, quoique peu endurante,
fupportoit mes balourdifes.

La premiere fois que je lui donnai à boire, je verſai l'eau fur elle, au lieu de la mettre dans le
verre. Le défaut de ma vue extrémement baſſe, joint au trouble où
j'étois toujours en l'approchant,
me faifoit paroître dépourvue de
toute compréhenfion pour les chofes les plus fimples. Elle me dit un

jour de lui apporter du rouge, & une petite tasse avec de l'eau, qui étoit sur sa toilette; j'entrai dans sa chambre, où je demeurai éperdue, sans sçavoir de quel côté tourner. La princesse de Guise y passa par hazard, & surprise de me trouver dans cet égarement : Que faites-vous donc-là, me dit-elle ? Eh ! madame, lui dis-je : du rouge, une tasse, une toilette ; je ne vois rien de tout cela. Touchée de ma désolation, elle me mit en main ce que, sans son secours, j'aurois inutilement cherché.

Je dirai encore quelqu'unes de mes bévues plus singulieres, & qui sembloient tenir de l'imbécillité.

lité. Madame la duchesse du Maine étant à sa toilette, me demanda de la poudre; je pris la boëte
par le couvercle; elle tomba comme de raison, & toute la poudre
se répandit sur la toilette, & sur
la princesse, qui me dit fort dou-
cement: Quand vous prenez quelque chose, il faut que ce soit par
en bas. Je retins si bien cette le-
çon, qu'à quelques jours de-là
m'ayant demandé sa bourse, je la
pris par le fond; & je fus fort étonnée de voir une centaine de louis,
qui étoient dedans, couvrir le parquet: je ne sçavois plus par où rien
prendre.

Je jettai encore, aussi sottement,
un paquet de pierreries que je pris

tout au beau milieu. On peut juger avec quel mépris mes compagnes, adroites & stylées, regardoient mes inepties.

Je fis ce que je pus pour gagner
leurs bonnes graces. La bienséan-
ce me portoit à vivre avec elles;
la nécessité m'y contraignit. Le
froid commençoit à se faire sentir :
il n'y avoit qu'une garde - robe
commune pour se chauffer. Je
passois donc une partie du jour
dans leur entretien. J'y conformai
le mien. Je leur disois ce que je
croyois leur convenir. Mais, soit
que je ne rencontrasse pas heureusement, soit que je ne prisse
pas assez naturellement leur ton,
j'encourus leur aversion. Je n'en

avois point pour elles ; mais un peu de dégoût : & j'aimai mieux me réduire à ſupporter le froid, que l'inconvénient de leurs humeurs, & l'ennui de leur converſation. Je me renfermai donc dans ma ſpélonque, & trouvai ma conſolation dans la lecture.

Je n'avois pas l'entiere jouiſſance de ce réduit. La premiere femme de chambre, qui couchoit toutes les nuits chez madame la ducheſſe du Maine, le partageoit le jour avec moi. Elle avoit ſes heures pour dormir ; des temps qu'elle vouloit paſſer avec ſon mari. Alors j'éliſois mon domicile dans un boſquet ; le froid ou la pluie ne me laiſſoit d'autre aſyle que les galeries. Mon habitation à Verſailles, où nous paſſions l'hyver, étoit encore plus inſoutenable. Le moindre rayon de lumiere n'y avoit jamais pénétré. Une compagne plus inſociable que celle que j'avois l'été à Seaux, y reſtoit jour & nuit. Le défaut d'eſpace obligeoit ſans ceſſe à diſputer le terrein, & la fumée contraignoit de l'abandonner.

Les deux femmes de chambre avec leſquelles je logeois alternativement, étoient mal enſemble. On ne pouvoit ſe concilier l'une, ſans aliéner l'autre. Pour éviter la guerre civile, je m'expoſois à la guerre étrangere, & changeois mes traités avec une inconſtance

réglée fur le cours des faifons,
J'aurois voulu tout accorder ; mais
le plus habile politique y eût
échoué. On peut prendre quelque
afcendant fur des gens qui ont des
vues faines, des interêts connus,
des paffions ordinaires : il n'en eft
pas de même de ces fortes d'efprits, dont les idées font à l'envers, les mouvemens à contrefens, & les bas interêts cachés
dans la poufliere.

Cependant ma fœur, affligée
que je n'euffe pas une entiere approbation dans le corps des femmes de chambre, me donna avis
qu'elles me trouvoient froide &
peu prévenante ; que cela paffoit
pour fierté & mépris ; qu'il falloit

faire ceffer ces bruits défavanta-
geux. J'étois devenue fi docile,
que je lui dis, Eh bien! que faut-
il faire? Il faut, me dit-elle, rendre quelques vifites aux femmes
étrangeres qui font dans la maifon, & leur faire beaucoup de po-
liteffes. Allons, lui dis-je, quand
vous voudrez. Elle, charmée de
me trouver de fi heureufes difpofitions, me mena fur le champ
dans une nombreufe affemblée de
ces perfonnes. Les unes jouoient;
les autres regardoient jouer. Je
m'affis auprès des défœuvrées, &
choifis celle que je trouvai fous
ma main, pour lui adreffer mon
bien-dire. Je me confondis en
complimens, en louanges, en airs

affectueux ; enfin j'y mis, non pas tout ce qui étoit en moi, mais ce que j'avois été chercher bien loin. Cela réussit mal ; il se trouva que cette personne dont j'avois fait mon pillier de manége, étoit dans la derniere classe des esprits de cet ordre. Mon peu de discernement devint un sujet de risée. Il est vrai que ces phisionomies-là me paroissoient aussi semblables que toutes celles d'un troupeau de moutons. Ma sœur me traîna encore à Versailles, chez les femmes du duc d'Anjou, que je croyois un peu plus huppées. Elles me demanderent si j'avois bien des profits, combien de ceci, de cela ; toutes choses dont je ne sçavois rien, &

dont l'ignorance me faisoit paroître stupide. Mais c'est assez , &
trop parler de mon métier.

Il n'y avoit pas quinze jours que
j'avois pris possession de ma place,
lorsque le marquis de Silly , qui
la croyoit meilleure , m'écrivit
cette lettre , pour m'en faire compliment :

LETTRE.

» Q U O I Q U'I L y ait long-temps
» que je n'ai entendu parler de
» vous , mademoiselle, je m'in-
» teresse toujours véritablement à
» ce qui vous regarde. Je suis ravi
» que vous soyez pour toujours
» avec madame la duchesse du
» Maine. Je vous ai désiré la place

que vous allez occuper, dès que «
l'on m'a mandé qu'il en étoit «
queſtion. Je ſuis ſeulement fâ- «
ché de penſer que vous ne pour- «
rez plus venir paſſer quelque «
temps dans les lieux où j'habite «
aſſez ſouvent. Je n'ai point ou- «
blié le plaiſir qu'il y a d'être avec «
vous ; & je ſçais par expérience «
que l'on trouve difficilement.... «
Mais je m'apperçois que je vous «
loue trop, & je ne veux pas vous «
gâter. Je crois cependant que «
cette précaution eſt inutile. Vous «
ſçavez bien préſentement tout «
ce que vous valez. Adieu, ma- «
demoiſelle. J'ai beaucoup d'en- «
vie de vous voir. «

Ce signe d'un souvenir qui m'étoit toujours également cher, me donna toute la satisfaction dont mon ame étoit alors capable. Cependant une vie si dure, si dégoûtante, si différente de celle que j'avois menée, me jetta dans une tristesse qui fut remarquée sur mon visage. Il n'y avoit que lui qui pût me trahir : je ne parlois à personne. Madame la duchesse du Maine s'en plaignit ; & monsieur de Malesieu dit à Duverney de m'en avertir. Il venoit quelquefois à Seaux, & m'y avoit vantée singuliérement. Sa passion pour l'anatomie lui persuadant que cette science fondoit le vrai mérite ; pour exagérer le mien, il avoit dit que j'étois la fille de France qui connoiſſoit mieux le corps humain. La ducheſſe de la Ferté, auſſi attentive à me donner des ridicules, qu'elle avoit été ſoigneuſe de me faire valoir, ne laiſſa pas échapper ce trait de mon éloge. Duverney, pour remplir ſa miſſion, m'exhorta à ſupporter le mal préſent, dans l'eſpérance d'un plus heureux avenir. Il me prédit que je ſerois connue, eſtimée & conſidérée ; que je gagnerois la confiance de la princeſſe, & que ſes bontés en ſeroient des ſuites infaillibles. Je n'y crus pas plus qu'aux almanachs. Je n'étois à portée de rien, pas même de dire une parole. Madame la ducheſſe

du Maine ne m'en adreſſoit aucune , & ne ſembloit pas ſe douter que je fuſſe capable , ni d'entendre , ni de répondre. J'eus occaſion de ſentir combien j'étois
ignorée , par une badinerie que je
hazardai.

Cette princeſſe , quelques années après qu'elle eût fait l'acquiſi-
tion de Seaux , avoit inſtitué un ordre de la Mouche à miel, qui avoit
ſes loix, ſes ſtatuts, un nombre fixe
de chevaliers & de chevalieres, qui
s'éliſoient en chapitre, avec grande
cérémonie. Dès qu'il y avoit quelque place vacante, toutes les perſonnes de ſa cour briguoient pour
l'obtenir. Le cas arriva ſix ou ſept
mois après que je fus dans ſa mai-

fon. Grand nombre de prétendans
fe préfenterent, entr'autres les
comteffes de Braffac & d'Uzez,
& le préfident de Romanet. Celui-ci l'emporta, au préjudice des
dames, qui affecterent un grand
reffentiment, & fe plaignirent que
l'élection n'avoit pas été juridique.
Cela me fit imaginer de dreffer,
en leur nom, une proteftation en
termes de palais, & d'une écriture de chicane, que j'envoyai
par une voie inconnue au préfident. Je ne confiai ce petit fecret
à perfonne ; & j'eus le divertiffement de voir l'inquiétude où l'on
étoit pour découvrir d'où venoit
cette piéce. On l'attribua d'abord
à monfieur de Malefieu, ou à

l'abbé Geneſt ; enſuite aux perſonnes intereſſées : on ſçut qu'elles n'y avoient aucune part. Enfin les ſoupçons deſcendirent juſqu'aux plus ineptes de la maiſon, ſans arriver juſqu'à moi , qui me contentai de jouir de l'embarras où l'on étoit, & d'en entendre parler ſans ceſſe , pendant plus de quinze jours que cette inutile recherche occupa. Elle me donna lieu de faire ces vers, que l'incertitude du ſuccès m'empêcha de produire :

N'accuſez ni Geneſt , ni le grand Maleſieux,
D'avoir part à l'écrit qui vous met en cer-
    velle.
L'auteur que vous cherchez n'habite point les
    cieux.
Quittez le téleſcope , allumez la chandelle,
Et fixez à vos pieds vos regards curieux :

Alors, à la clarté d'une foible lumiere,
Vous le découvrirez giſſant dans la pouſſiere.

L'humiliation de mon état teignoit de ſa couleur juſqu'aux louanges qu'on me donnoit. J'en reçus une de monſieur de Laſſay, dont je fus outragée. Madame la ducheſſe du Maine, en ſe deshabillant, laiſſa tomber quelques louis de ſa poche. Je les ramaſſai, & les remis ſur ſa toilette. Votre alteſſe a des femmes bien fidelles, dit Laſſay en me regardant. Je baiſſai les yeux avec confuſion, diſant en moi-même : Dois-je être louée ainſi ? Puis-je en être contente ? Ce n'étoit-là que les petits chagrins attachés à ma condition, qui naiſſoient chaque jour ſous mes pas. J'en éprouvai un tout autrement fenfible, dans la perte que je fis d'un intime ami. Je reçus cette lettre de l'abbé de Vertot, au moment que j'attendois le moins une fi trifte nouvelle :

LETTRE.

» JE fuis bien fâché d'être obligé
» de vous annoncer la perte que
» nous venons de faire de feu mon-
» fieur Brunel, votre ami & le
» mien. Vous perdez, mademoi-
» felle, plus qu'un autre, parce
» qu'il vous eftimoit plus que per-
» fonne du monde. Si des fen-
» timens refpectueux pouvoient
» remplacer ce que vous perdez
» du côté du mérite, je prendrois

la

la liberté de vous offrir un atta- «
chement inviolable. Monſieur «
de Fontenelle eſt inconſolable. «
Il n'eſt point queſtion de philo- «
ſophie : la nature, le bon cœur, «
tout a rentré dans ſes droits. Il «
eſt véritablement à plaindre : «
vous ne l'êtes pas moins. Je ſou- «
haite que cette auſtere raiſon, «
dont je me plains quelquefois, «
ne vous abandonne pas dans une «
ſi triſte occaſion. J'ai l'honneur «
d'être, &c. . . . . Monſieur Bru- «
nel eſt mort à Rouen, d'une pleu- «
réſie. « *1ᵉʳ. décembre.*

Ma douleur fut vive, autant
qu'elle étoit juſte. Je perdois un
ancien ami, reſpectable par ſon

mérite, digne de mes fentimens
par les fiens ; & j'avois eu le malheur d'offenfer fon amitié par le re-
froidiffement qu'il avoit remarqué
dans la mienne. La fantaifie dont
j'étois poffédée, la diftraction que
me caufoient tant de nouveaux
objets, avoient apporté un grand
changement dans mon ame. Il s'en
étoit apperçu dans un voyage qu'il
fit à Paris, depuis que j'y demeurois, & en avoit été juftement
bleffé. Je n'en vis rien, & ne
fongeai pas à le ramener à moi.
Mais une lettre qu'il m'écrivit peu
de temps avant fa mort, m'apprit
tous mes torts, & augmenta mes
regrets de la perte que je faifois,
d'autant plus grande, qu'il alloit

s'établir à Paris, & qu'à mesure que la raison me seroit revenue, j'aurois repris mes anciens sentimens. Je fus sensiblement affligée, & je le suis encore, de me voir privée pour jamais d'un tel ami.

Il m'avoit prêté de l'argent sans billet, lorsque j'avois cru en pouvoir prendre avec sureté de m'acquitter. Je n'avois songé qu'à remplir ce devoir, depuis que j'avois quelque chose ; & heureusement je me trouvai cette petite somme. J'allai chez monsieur de Fontenelle, pour le prier de la faire tenir aux héritiers. Je le trouvai dans une affliction qui me fit plaisir, parce qu'elle honoroit notre ami. Il m'a dit, longtemps après, qu'il

n'avoit jamais pu réparer cette perte; & non plus que lui, je n'ai trouvé perfonne d'un mérite fi complet.

La vie trifte & pénible que je
menois, occupoit fans ceffe mon
efprit des moyens de m'en tirer.
Je paffois les jours & les nuits
dans ces réflexions. Le peu de
gens qui s'intereffoient à moi,
cherchoient auffi quelque dénouement à m'offrir. On me propofa
une place de gouvernante chez
une princeffe d'Allemagne, à des
conditions utiles & honorables.
Je fus extrémement tentée de l'accepter. Cependant ne voulant pas
m'en fier à moi, j'en écrivis à l'abbé de Vertot, le feul ami qui me
reftât. Sa fage réponfe, l'incerti-

tude des promesses , les inconvéniens qu'il me fit envisager , me
déterminerent à refuser cette proposition. On m'en fit une plus finguliere peu après celle-ci.

Une femme aimable, avec qui
j'étois assez liée , me vint voir un
jour à Seaux , & me dit : Je sçais
que vous n'avez trouvé rien moins
que ce que vous espériez dans la
situation où vous êtes ; que vous
vous y déplaisez infiniment, & que
vous ne songez qu'à en sortir : je
viens vous en offrir une autre. Il
y a quelqu'un dans le monde prêt
à donner un fonds , afin que cela
ne vous manque jamais , qui vous
mette en état d'avoir un petit appartement dans Paris, & de quoi

vivre commodément, avec quel=
ques domeſtiques pour vous ſervir. On ne vous demande rien, que
de trouver bon qu'il y ait chez
vous une porte qui communique
dans une autre maiſon , & que
vous y laiſſiez paſſer une dame qui
ſera de vos amies , & vous vien-
dra voir ſouvent. Je n'eus pas beſoin cette fois de conſulter pour
ma réponſe : elle fut, comme on
peut croire, toute des plus néga=
tives. La dame inſiſta ; je ne lui
fis nulle queſtion , ne jugeant pas
à propos d'approfondir ce myſ-
tère. Tout ce que j'en pus juger,
fut qu'il s'agiſſoit de gens qui ne
plaignoient pas la dépenſe , pour
mettre leur intelligence à couvert.

Une troisiéme propofition me fut faite par un des plus grands feigneurs du royaume. La princeffe fa femme, très-familiere auffi-bien que lui dans notre cour, me témoigna le défir qu'il avoit de me voir, & me pria de recevoir fes vifites. Le canal par où paffoit cette demande, m'obligea de l'agréer. Je le vis ; il plaignit ma fituation, m'offrit de m'en tirer ; me propofa un établiffement chez lui avec toutes fortes d'agrémens, & quelques foins pour l'éducation de fes filles. Je fus tentée de nouveau, & confultai encore mon abbé. Il me fit une réponfe auffi fenfée que la premiere. Elle tendoit au refus. Le trop d'empreſſement que je ſentis dans ſes offres, me les rendit ſuſpectes, & me décida à ne les pas accepter.

Ces ouvertures pour ma retraite, toujours refermées par les barrieres que j'avois poſées autour de moi, ne ſervoient qu'à me faire ſentir l'impoſſibilité d'échapper à mes malheurs. J'en éprouvai un nouveau qui me fut des plus ſenſibles. Il y avoit à Seaux une madame de M. qu'on employoit à faire les rôles de confidentes dans les comédies. Elle m'avoit dès les premiers temps offert ſa chambre, au lieu des bois où je faiſois ma réſidence. Le froid m'en avoit chaſſée, comme la faim en chaſſe les loups. J'avois d'autant plus volontiers accepté cette offre, que je n'allois chez elle que lorsqu'elle n'y étoit pas. Cela me donna pourtant un air de liaison avec cette femme. Elle avoit été fort belle. Son mari, croyant qu'elle l'étoit encore, continuoit d'en être extrémement jaloux. Comme elle appréhendoit de vivre avec lui, elle pria madame la duchesse du Maine, quand elle fut à Versailles, de l'y mener, & de la loger à son hôtel. Elle passoit la journée au château ; & me demanda d'aller dans mon manoir, quand elle auroit quelque chose à faire. J'y consentis, ne pouvant honnêtement lui refuser, à Versailles, l'hospitalité qu'elle exerçoit envers moi à Seaux. Un jour que j'étois dans l'appartement de madame la duchesse du Maine, elle me demanda la clef de l'entresol ; je la lui donnai, & j'y montai bientôt après. Je fus surprise de l'y trouver prenant du caffé avec un officier Suisse de nos courtisans. Je lui en fis des reproches en plaisantant ; car je n'y entendois pas finesse, & je crois véritablement qu'il n'y en avoit point. Cependant ce mari jaloux l'étant venu chercher, on lui dit qu'elle étoit chez moi : Il y monta ; & trouvant Diesbach, il emmena sa femme transporté de colere, quoique ma compagne & moi fussions avec elle. Il la maltraita, à ce qu'elle pré-

tendit, au point de la réduire à s'aller jetter dans un couvent. Mal-
heureusement pour moi, elle choi-
sit celui d'où je sortois; & pour
avoir droit d'y entrer, elle écrivit
une lettre au ministre, par laquelle elle accusoit son mari, autrefois de la religion protestante, de
mettre sa foi en danger. Je ne sçavois rien de tout cela. Madame la
duchesse du Maine étant allée passer quelques jours à l'Arsenal, où
elle ne me menoit pas, je fus chez
madame de Vauvray. Nous étions
à table, lorsque je vis avec surprise entrer un valet de pied de notre
livrée. Il me dit, que son altesse
sérénissime me mandoit de l'aller
trouver chez monsieur le premier

préfident , où elle étoit : c'étoit
M. de Mefmes. J'y arrivai fans fçavoir de quoi il s'agiffoit. Je vis de
toutes parts des vifages féveres.
On me fit la lecture d'une lettre de
monfieur de M. par laquelle il
m'accufoit de conduire depuis
longtemps une intrigue de fa femme avec monfieur Diesbach , qu'il
avoit furpris dans ma chambre.
Pour donner plus de force à fon
accufation, il difoit : qu'ayant été
élevée par la maréchale de la Ferté (je ne l'avois jamais vue) il n'é-
toit pas furprenant que je fuffe
propre à un tel miniftere.

Je contai naïvement le fait tel
qu'il étoit : j'affirmai, & cela étoit
vrai, que c'étoit l'unique fois que

ces deux perfonnes fe fuffent ren-
contrées chez moi ; que je n'avois
eu nulle connoiffance , pas même
le moindre foupçon d'aucune liai-
fon entr'elles; qu'au furplus je n'a-
vois eu d'autre éducation que celle du couvent, où j'avois été depuis ma naiffance , jufqu'à mon
entrée chez fon alteffe féréniffime.
On ne fit pas grande attention à
ma défenfe , & j'entendois qu'on
fe difoit : On n'auroit pas cru cela
d'elle. J'aurois encore moins cru
effuyer jamais une pareille accufation.

Après cet interrogatoire , on me
renvoya chez madame de Vauvray,
où j'eus le lendemain une humiliation qui n'étoit pas fi férieufe. Elle

voulut que je tinsse, avec son fils, l'enfant d'un de ses domestiques. Je parus si stupide au curé qui faisoit le baptême, qu'il me demanda si je pourrois bien signer mon nom. Il est vrai que je n'avois pu lui dire de quelle paroisse j'étois, ni répondre à rien de ce qu'il m'avoit demandé.

Nous retournâmes à Versailles, où l'affaire de madame de M. faisoit grand bruit. On avoit mis son mari en prison, sur la lettre qu'elle avoit écrite contre lui. Je me trouvois fort désagréablement impliquée dans cette affaire. J'en eus un chagrin d'autant plus violent, que j'étois peu connue dans le monde, & que c'étoit y mal débuter. Je reçus dans mon accablement le coup de pied de l'âne. Mademoiselle Nanette, une de mes compagnes, me dit obligeamment : Cette aventure eſt très-déſagréable pour nous toutes ; on parle d'une femme de madame la ducheſſe du Maine, & l'on ſe voit confondue. Je me trouvois moi-même ſi confondue de vivre avec elle, que je n'aurois jamais penſé que ce malheur dût la regarder.

Mon innocence & la vérité me ſoutinrent, au défaut d'autre protection, & diſſiperent l'impreſſion reçue contre moi. On me défendit de voir jamais madame de M. & j'y conſentis de bon cœur. Sa vue m'auroit été auſſi odieuſe que me le fut celle de Diesbach, dont je frémis la premiere fois que je le rencontrai, par le souvenir des peines qu'il m'avoit attirées.

Tant de maux redoublés ; des incommodités sans nombre ; des dégoûts ajoutés à un état humiliant, également insoutenables à un corps & à un esprit délicat ; une passion chimérique, si l'on veut, qui ne me fournissoit que des sentimens pénibles, me firent prendre la vie en horreur. Le désir de m'en délivrer parvint à affoiblir toutes les raisons contraires. L'opinion se plie presque toujours à ce qui favorise le sentiment ; & l'on ne voit guere que ce que l'on veut voir. Je vins donc à penser

que

que je devois quitter la vie, qu'il
me sembloit que je ne pouvois plus
supporter. Le sentiment qui habi-
toit au fond de mon cœur (& peut-
être n'étoit-ce qu'une adresse de
sa façon) voulut paroître avant que
de s'éteindre , & m'inspira de donner, par une lettre, connoissance
de mon dessein à celui qui en étoit
en partie la cause. J'écrivis. Quand
j'eus cédé jusques-là à ma folie , la
raison me revint. Je me résolus de
vivre. Je n'envoyai point la lettre;
je la gardai comme un témoignage
contre moi-même des égaremens
de mon esprit, & des excès où
l'on peut tomber, quand on s'a-
bandonne à ses passions. La voici :

Tome I.   * Q

LETTRE.

» Il y a cinq ans que je vous vis
» pour la premiere fois. Vous me
» traitâtes avec une indifférence
» qui sembloit aller jusqu'au mé-
» pris. Irritée contre vous, je cher-
» chai vos défauts; & il arriva que
» je découvris tout ce qu'il y a
» d'aimable en vous. Je voulois
» vous haïr, & je vous aimai. Je
» ne songeai plus qu'à vous cacher
» des sentimens, ausquels je com-
» pris bien que vous ne répondriez
» pas. Cependant je ne pouvois
» souffrir que votre insensibilité
» vous en dérobât la connoissance.
» Vos moindres attentions me tou-
» choient au dernier point; & je
» voulois si bien vous tenir compte

de tout, que vos froideurs mê- «
me trouvoient place dans ma «
reconnoiſſance : je les regardois «
comme un ſoin que vous aviez, «
de m'arracher du cœur des eſpé- «
rances inutiles & dangereuſes. «
Vous euſſiez été juſqu'à la dure- «
té avec moi, ſans rien faire «
qu'augmenter l'eſtime que j'avois «
pour vous : eſtime ſi parfaite & «
ſi reſpectueuſe, qu'elle alloit juſ- «
qu'à me faire condamner le deſ- «
ſein de vous plaire, ſans m'en «
ôter le déſir. Ni une longue ab- «
ſence, ni les changemens de ma «
fortune, ni les ſecours d'une rai- «
ſon exercée n'ont pu m'en diſ- «
traire. J'ai fait plus. J'ai voulu «
voir, j'ai vu ce qu'on diſoit être «

Q ij

;; de plus aimable. Que tout cela
;; m'a paru différent de vous ! Per-
;; fonne ne vous reffemble ; & rien
;; auffi ne reffemble à ce qu'on fent
;; pour vous. Je ne m'accoutume
;; point à voir des gens qui s'ai-
;; ment ; & je ne comprens pas
;; qu'on puiffe aimer quelqu'un ,
;; quand ce n'eft pas vous qu'on ai-
;; me. Mais, que penfez-vous, en
;; ce moment, de l'aveu que je vous
;; fais ? Pour moi , je n'en ai point
;; de honte. Des fentimens tels
;; que les miens font en quelque
;; maniere refpectables. Je ne cher-
;; che point à vous toucher. J'ai
;; voulu feulement vous apprendre
;; ce que je fuis pour vous , & vous
;; faire fçavoir que j'ai réfolu de

mettre fin à mes peines. Je fens «
trop que je vous appartiens , «
pour difpofer de moi fans vous «
en rendre compte. J'attens un «
mot de vous ; & c'eft tout ce que «
j'attens pour vous dire un éternel «
adieu. «

Il y avoit quelques années que
je n'avois vu monfieur de Silly ,
ni entendu prononcer fon nom.
Quelqu'un par hazard l'ayant nommé , j'en reçus une telle impref-
fion , que , voulant fortir un
moment après du lieu où j'étois ,
les forces me manquerent , &
je fus prête à tomber. Je me
fuis étonnée bien des fois qu'un
fentiment privé de tout aliment ,

eût conservé tant de force.

Une aventure à laquelle je ne devois prendre aucun interêt, me fit sortir inopinément de la profonde obscurité dans laquelle je vivois. Une jeune fille, nommée mademoiselle Tetar, excita la curiosité du public par un prétendu prodige qui se passoit chez elle. Tout le monde y alla. Monsieur de Fontenelle, engagé par monsieur le duc d'Orléans, fut aussi voir la merveille. On prétendit qu'il n'y avoit pas porté des yeux assez philosophes : on en murmura ; & madame la duchesse du Maine, qui ne s'avisoit guere de m'adresser la parole, me dit : Vous devriez bien mander à monsieur de Fontenelle tout ce qu'on dit contre lui, fur mademoifelle Tetar. Je lui écrivis en effet, fans fonger à autre chofe qu'à m'attirer une réponfe qui pût fervir à fon apologie. Il fe trouva le même jour chez le marquis de Laffay, où les gens qui y étoient lui firent plufieurs plaifanteries fur ce fujet; ne les trouvant pas bonnes, il leur dit, En voici de meilleures; & leur montra ma lettre. Elle réuffit. C'étoit l'affaire du jour : on en prit des copies, & elle courut tout Paris. Je ne m'en doutois pas; & je fus fort étonnée quelques jours après, qu'étant venu beaucoup de monde à Seaux pour voir jouer une comédie, chacun parla à madame la duchesse du Maine de cette lettre. Elle ne se souvenoit plus de ce qu'elle m'avoit dit, & ne sçavoit de quoi il étoit question. Elle me demanda si c'étoit moi qui l'avois écrite : je lui dis que oui. Aussi-tôt qu'elle m'eut parlé, tout ce qui compofoit la compagnie vint à moi ; & pour lui faire sa cour, m'accabla de louanges : puis retournant à elle, on la félicitoit d'avoir quelqu'un dont elle pouvoit faire un usage si agréable. Jusques-là pourtant, elle n'y avoit pas songé. Elle voulut voir la lettre, & me la demanda. Je n'en avois pas de copie ; mais tous ceux qui étoient chez elle l'avoient dans leur poche. Elle

la lut, l'approuva, & connut qu'elle pouvoit me mettre en œuvre
plus qu'elle ne faifoit. Je voulus
comme les autres avoir ma lettre,
& par l'événement j'en fis cas. On
y voit que c'eft moins l'importance des chofes qui en fait le mérite,
que l'*à propos*. La voilà:

L E T T R E

de mademoifelle de L. à monfieur
de Fontenelle.

L'AVENTURE de mademoi- «
felle Tetar fait moins de bruit, «
monfieur, que le témoignage «
que vous en avez rendu. La di- «
verfité des jugemens qu'on en «
porte, m'oblige à vous en par- «

» ler. On s'étonne , & peut-être
» avec quelque raifon , que le def-
» tructeur des Oracles , que celui
» qui a renverfé le trépied des Si-
» bylles , fe foit mis à genoux de-
» vant le lit de mademoifelle Te-
» tar. On a beau dire que les
» charmes , & non le charme de
» la demoifelle, l'y ont engagé : ni
» l'un ni l'autre ne valent rien pour
» un philofophe. Auffi chacun en
» caufe. Quoi ! difent les critiques,
» cet homme qui a mis dans un fi
» beau jour des fupercheries faites
» à mille lieues loin , & plus de
» deux mille ans avant lui , n'a pu
» découvrir une rufe tramée fous
» fes yeux ? Les partifans de l'anti-
» quité , animés d'un vieux reffen-

timent, viennent à la charge : «
Vous verrez, difent-ils, qu’il «
veut encore mettre les prodiges «
nouveaux au-deffus des anciens. «
Enfin les plus rafinés prétendent «
qu’en bon Pyrrhonien, trouvant «
tout incertain, vous croyez tout «
poffible. D’un autre côté, les «
dévots paroiffent fort édifiés des «
hommages que vous avez rendus «
au diable : ils efperent que cela «
pourra aller plus loin. Les fem- «
mes auffi vous fçavent bon gré «
du peu de défiance que vous «
avez montré contre les artifices «
du fexe. Pour moi, monfieur, «
je fufpens mon jugement jufqu’à «
ce que je fois mieux éclaircie. «
Je remarque feulement que l’at- «

» tention singuliere que l'on don-
» ne à vos moindres actions, est
» une preuve incontestable de l'es-
» time que le public a pour vous ;
» & je trouve même dans sa cen-
» sure quelque chose d'assez flat-
» teur, pour ne pas craindre que
» ce soit une indiscrétion de vous
» en rendre compte. Si vous vou-
» lez payer ma confiance de la vô-
» tre, je vous promets d'en faire
» un bon usage. J'ai l'honneur
» d'être, &c. »

J'avoue que je sentis une satisfaction fort douce, de recueillir,
d'une chose faite sans dessein, &
qui ne m'avoit rien coûté, ce que
par un véritable travail je n'aurois

peut-être jamais acquis : car je n'eus pas seulement le premier ap‑plaudissement ; la curiosité qu'on eut de me connoître, me procu‑ra des sociétés & des amis de dis‑tinction. Mais rien ne me fit un plaisir si sensible, que cette lettre que je reçus de monsieur de Silly :

L E T T R E.

A Fribourg, ce 20 décembre 1713.

V O T R E lettre à monsieur de «
Fontenelle fait autant de bruit «
que l'aventure de mademoiselle «
Tetar. C'est un monument qui «
en assure le souvenir. Il va s'é- «
tendre parmi les nations les plus «
barbares. Tous les Allemands qui «

» font ici veulent en avoir des co-
» pies. Il eft affez mal à vous de
» me laiffer apprendre par le pu-
» blic une chofe qui vous intereffe,
» & qui vous attire l'approbation
» de tous ceux dont on la défire.
» Traitez-moi déformais avec plus
» de confiance ; & ne me laiffez
» point apprendre par d'autres ce
» qui me fera fenfible. Ceci vous
» y doit engager , puifque la déci-
» fion du public confirme ce que
» je vous ai dit bien des fois. Adieu,
» mademoifelle. Souvenez - vous
» que je fuis ici. «

Ce fuccès que j'eus dans le monde ayant réveillé fon attention ,
il renoua commerce avec moi ,

d'autant plus volontiers qu'étant retenu dans une ville d'Allemagne, où il commandoit, & où il fut trois ans, il souhaitoit d'être instruit par plusieurs voies de ce qui se passoit en France. Il me témoigna le plaisir que je lui faisois de lui mander réguliérement toutes les nouvelles que je pourrois apprendre. J'y devins attentive, & je lui écrivis avec autant d'assiduité que de circonspection. Je tâchois cependant de rendre mes lettres agréables. Les siennes devinrent à peu près comme celles qu'on écrit à ses gens d'affaires : J'ai reçu la vôtre d'un tel quantiéme. Continuez de m'apprendre ce qui se passe. Vous avez man-

qué de m'inftruire fur telle chofe.
Rien de plus. Malgré cela, l'é-
criture, le cachet me tranfportoit.
J'attendois avec la plus vive impatience le jour, l'heure de les
recevoir : & je me fouviens d'une
difpute que j'eus à Verfailles avec
le facteur, qui m'apportoit une de
fes lettres, & qui ne vouloit, ni
prendre mon argent, ni me la donner ; parce que, non plus que moi,
il n'avoit pas de monnoie. J'avois
beau lui dire que je ne me fouciois
pas qu'il me rendît rien, il vouloit
s'en aller, & me difoit froidement :
Je reviendrai tantôt. C'étoit le
matin. Eh ! quoi, dit ma compagne, en s'éveillant au bruit que
nous faifions, une lettre n'eft-elle

pas

pas auſſi bonne à une heure qu'à l'autre ? Elle lâcha généreuſement quelques ſols pour nous faire taire, & ſe rendormir.

Cette réputation ſubite attira, comme j'ai dit, les curieux autour de moi. Entr'autres, l'abbé de Chaulieu, qui venoit quelquefois à Seaux, & ne ſe feroit jamais aviſé de me parler, voulut m'entretenir. La même fortune qui m'avoit fait valoir tout-à-coup, me ſoutint à l'examen. Soit prévention de la part des autres, ou déſir de la mienne de conſerver ce que le hazard m'avoit procuré, je ne me décréditai, à ce qu'il me ſemble, dans l'eſprit de perſonne. J'acquis par la même occaſion un

ami folide, qui ne s'eft jamais dé-
menti à mon égard. C'étoit monfieur de Valincourt, attaché au
comte de Touloufe, connu par
fon efprit, fon mérite & fes liaifons avec les gens illuftres du fié-
cle paffé. Il fouhaitoit de me connoître, & me chercha à Fontaine-
bleau où nous allâmes ; mais il
n'étoit pas aifé de me découvrir
fous le dégré où je faifois ma réfi-
dence. Enfin étant venu un jour
à Seaux, il fe trouva auprès de
moi à la comédie, & nous liâmes
quelques converfations où il me
parut prendre plaifir. Il revint à
la comédie, & j'eus foin de lui garder la même place. Il fut touché de
mon attention ; & quelque temps

après, me trouvant à Verſailles, il m'écrivit pour me demander la permiſſion de me venir voir. Je n'étois point farouche ; j'y conſentis de très-bonne grace.

Dans le même temps, madame la ducheſſe du Maine engagea monſieur le cardinal de Polignac, avec qui elle étoit en grande liaiſon, de lui expliquer en françois ſon anti-Lucrece, compoſé en vers latins. Elle raſſembloit tous les ſoirs dans ſon cabinet un nombre de perſonnes choiſies, pour l'entendre. Monſieur de Valincourt en étoit, & venoit attendre chez moi l'heure de ce docte rendez-vous. Les raiſons de m'y admettre n'avoient pu encore prévaloir ſur

celles qui m'excluoient de tout. J'a-
vois demandé quelque temps auparavant, d'affifter à la lecture qui
fe fit à Seaux du premier livre de
cet ouvrage, traduit par monfieur
le duc du Maine; & j'eus le dégoût d'en obtenir le confentement
à condition que je ne paroîtrois
point. Je ne m'avifai pas depuis
de faire des propofitions indifcre-
tes. L'eftime des gens qui com-
mençoient à me connoître, me
confoloit de l'invincible dédain
qu'ont les grands pour ceux dont
la condition leur eft fi inférieure.
Mais ce mépris, qui ne tombe que
fur l'état des autres, rejaillit quelquefois fur leur perfonne, fans que
le fafte qui les environne les en

puiſſe garantir. Cette réflexion ne regarde pas madame la ducheſſe du Maine , qui a toujours eu plus de conſidération pour le mérite , que n'en ont les autres perſonnes de ſon rang.

La petite époque que j'ai marquée , fut pour moi le commencement d'une vie plus agréable à tous égards. L'alteſſe ſéréniſſime s'abaiſſa à me parler , & s'y accoutuma. Elle fut contente de mes réponſes , compta mon ſuffrage ; je m'apperçus même qu'elle le cherchoit , & que ſouvent , quand elle parloit , ſes yeux ſe tournoient vers moi , & obſervoient mon attention. Je la lui donnois toute entiere , & ſans effort ; car perſonne n'a jamais parlé avec plus de justesse, de netteté & de rapidité, ni d'une maniere plus noble & plus naturelle. Son esprit n'emploie, ni tour, ni figure, ni rien de tout ce qui s'appelle invention. Frappé vivement des objets, il les rend comme la glace d'un miroir les réfléchit, sans ajouter, sans omettre, sans rien changer. J'avois donc beaucoup de plaisir à l'entendre; & depuis qu'elle y prit garde, elle m'en sçut gré.

L'élévation de sa famille étoit alors au plus haut point où elle avoit pu la porter. Toujours occupée, depuis qu'elle avoit épousé monsieur le duc du Maine, à lui procurer, & à ses enfans, un rang

égal au fien, de dégrés en dégrés
ils étoient parvenus à tous les honneurs des princes du fang ; & ils
obtinrent, à la faveur des conjonc-
tures, ce fameux édit qui les appelloit, eux & leur poftérité, à la fucceffion à la couronne. La perte
précipitée de tant de princes de la
famille royale, avoit motivé & facilité ce projet, qui s'exécuta alors
fans contradiction, & qui en fit
tant naître par la fuite. Mais cette
profpérité préfente, qui ne laiffoit
pas appercevoir la chûte qu'elle
préparoit, répandoit la joie dans
fa cour.

Le goût de la princeffe pour les
plaifirs, étoit en plein effor ; &
l'on ne fongeoit qu'à leur donner

de nouveaux affaifonnemens qui puffent les rendre plus piquans. On jouoit des comédies, ou l'on en répétoit tous les jours. On fongea auffi à mettre les nuits en œuvre, par des divertiffemens qui leur fuffent appropriés. C'eft ce qu'on appella les *grandes Nuits*. Leur commencement, comme de toutes chofes, fut très-fimple. Madame la ducheffe du Maine, qui aimoit à veiller, paffoit fouvent toute la la nuit à faire différentes parties de jeu. L'abbé de Vaubrun, un de fes courtifans les plus empreffés à lui plaire, imagina qu'il falloit, pendant une des nuits deftinées à la veille, faire paroître quelqu'un fous la forme de la Nuit

enveloppée de ſes crêpes , qui feroit un remerciement à la princeſſe
de la préférence qu'elle lui accor-
doit ſur le Jour ; que la déeſſe auroit un ſuivant qui chanteroit un
bel air ſur le même ſujet. L'abbé
me confia ce ſecret , & m'engagea
à compoſer & à prononcer la ha-
rangue , repréſentant la divinité
nocturne. La ſurpriſe fit tout le
mérite de ce petit divertiſſement.
Il fut mal exécuté de ma part. La
frayeur de parler en public me ſai-
ſit ; & je me ſouvins très-peu de
ce que j'avois à dire. Cependant
l'idée en fut applaudie : & de-là
vinrent les fêtes magnifiques don-
nées la nuit, par différentes perſonnes, à madame la ducheſſe du

Maine. Je fis de mauvais vers pour quelques-unes, les plans de plu-fieurs autres ; & fus confultée pour toutes. J'y repréfentai, j'y chan-tai ; mais ma peur gâtoit tout : & l'on jugea plus à propos de ne m'employer que pour le confeil, à quoi je réuffis fi heureufement, que j'en acquis un grand relief.

La derniere de ces fêtes fut tou-te de moi, & donnée fous mon nom, quoique je n'en fiffe pas les frais. C'étoit le bon-Goût réfugié à Seaux, & préfidant aux diverfes occupations de la princeffe. D'a-bord il amenoit les Graces, qui en danfant préparoient une toilette. D'autres chantoient des airs dont les paroles convenoient au fujet.

Cela faisoit le premier intermede.
Le second, c'étoient les Jeux per-
sonnifiés qui apportoient des ta-
bles à jouer, & disposoient tout ce
qu'il falloit pour le jeu ; le tout
mêlé de danses & de chants par les
meilleurs acteurs de l'opéra. Enfin le dernier interméde, après les
reprises achevées, étoient les Ris
qui venoient dresser un théâtre,
sur lequel fut représentée une comédie en un acte, qu'on m'obligea de faire, faute de trouver aucun poëte (car on la voulut en
vers) qui acceptât un pareil sujet.
C'étoit la découverte que madame
la duchesse du Maine prétendoit
faire du quarré magique, auquel
elle s'appliquoit depuis quelque

temps avec une ardeur incroya-
ble. La piéce fut jouée par elle,
chacun repréfentant fon propre
perfonnage : ce qui la fit valoir
malgré la féchereffe du fujet, &
m'auroit fait valoir moi-même, fi
des événemens férieux n'avoient
tout-à-coup interrompu les divertiffemens, & effacé jufqu'à leur
fouvenir.

Cependant ce que j'avois gagné
dans le monde, m'attira quelques
retours des bonnes graces de la
ducheffe de la Ferté. Mes premiers
fuccès la piquerent ; mais enfin le
fuffrage public ramena le fien,
& c'eft par où j'y fus plus fenfible.
Le chagrin d'être mal avec elle
avoit tellement frappé mon ima-

gination, que, tant que dura son reſſentiment, je rêvois toutes les nuits, ou de nouveaux mécontentemens de ſa part, ou mon raccommodement avec elle. Il eſt vrai que je ne regagnai pas ſa tendreſſe ; mais je la voyois, & elle me traitoit avec bonté & familiérement. Ce fut depuis le retour de ſes bonnes graces, qu'elle me dit un jour : Tiens, mon enfant, je ne vois que moi qui aie toujours raiſon. Cette parole a ſervi, plus qu'aucun précepte, à m'apprendre la défiance de ſoi-même, & je me la rappelle toutes les fois que je ſuis tentée de croire que j'ai raiſon.

Je revis alors plus facilement ma ſœur, dont la ſociété m'étoit assez agréable, quoiqu'elle ne fût pas sans épines. Enfin tout alloit un peu mieux pour moi, lorsqu'arriva la fameuse époque qui changea totalement notre genre de vie.

Le roi Louis XIV commençoit à dépérir depuis quelque temps. L'on n'en vouloit rien dire, & l'on affectoit de n'en vouloir rien croire. Cependant madame la duchesse du Maine, au milieu des divertissemens & des plaisirs qui sembloient l'occuper uniquement, toujours attentive à l'aggrandissement de la maison dans laquelle elle étoit entrée, & à l'affermissement de cette grandeur, sentit dans la conjoncture présente de

quelle importance il étoit de fçavoir les difpofitions que le roi avoit
faites. Elle preffa monfieur le duc
du Maine d'engager madame de
Maintenon, qui confervoit pour
les princes légitimés l'affection
d'une gouvernante, de difpofer le
roi à leur donner connoiffance de
fon teftament, afin qu'ils puffent
prendre de juftes mefures en con-
féquence; & peut-être même le
porter à établir, de fon vivant, les
moyens les plus propres à rendre
leur élévation ftable. Madame de
Maintenon éludoit cette démarche, dans la crainte de déplaire.
Vaincue cependant par les follici-
tations du duc du Maine, elle amena le roi à confentir que ce prince

& son frere verroient le testament ;
mais à condition qu'ils n'en révé-
leroient aucun article à qui que
ce fût. Ils penserent que cet inviolable secret rendroit les connoissances qu'ils auroient inutiles ,
& ils refuserent de s'instruire. Ce
fut une faute capitale , dont madame la duchesse du Maine sentit
toute l'étendue. Pour tâcher de
la réparer , on assembla un conseil
où étoit monsieur le premier président de Mesnes , messieurs de
Malesieu & de Valincourt , en
présence du duc & de la duchesse
du Maine & du comte de Toulouse. Ils jugerent que, ne pouvant
revenir à ce qui avoit été refusé ,
il falloit au moins demander connoissance

noiſſance de quelqu'article important. Les avis furent partagés
ſur le choix. Celui où penchoit le
comte de Touloufe, de ſçavoir
ſi le roi rappelloit le roi d'Eſpa-
gne à ſa ſucceſſion, l'emporta.

On ſçut qu'il ne le rappelloit
pas; ce qui aſſuroit infailliblement
l'autorité au duc d'Orléans; & ce
fut apparemment pour ſe faire un
mérite auprès de lui qu'on l'en informa. Seconde faute, non moins
préjudiciable aux interêts de ces
princes, que la premiere. C'étoit
tourner imprudemment cette découverte à l'avantage de celui qui
en devoit profiter à leurs dépens.

La néceſſité de ſe lier au duc
d'Orléans étoit évidente. Madame

la duchesse du Maine la représen-
ta. On n'y voulut point entendre,
prétendant que cette liaison dé-
plairoit au roi.

Le duc d'Orléans, qui n'étoit
pas encore instruit des arrange-
mens futurs, & peu sûr de les
renverser avec la facilité qu'il y
trouva, recherchoit le duc du
Maine. Il avoit même songé à ma-
rier sa fille, mademoiselle de Va-
lois, au prince de Dombes. Le duc
de Brancas, un de ses favoris,
m'en parla longtemps avant la ca-
tastrophe, & me dit que je devois
inspirer cette pensée à madame la
duchesse du Maine. Je ne man-
quai pas de lui rendre ce qui m'en
avoit été dit, à quoi elle me parut

faire peu d'attention. Des raifons fourdes l'avoient rendue froide à cette propofition , qui avoit été faite d'ailleurs à elle & au duc du Maine. Pas affez convaincus l'un & l'autre de l'autorité abfolue que le duc d'Orléans ne pouvoit manquer d'avoir , & plus frappés des petits inconvéniens que des grands avantages qui fe trouvoient dans cette alliance; ils la négligerent, ou du moins ils ne s'efforcerent pas affez de la faire agréer au roi qui ne la goûtoit pas.

Le duc d'Orléans rebuté & plus inftruit, tourna fes vues d'un autre côté. Il fongea à s'acquérir les grands du royaume. Prodigue de fa parole dont il ne faifoit aucun cas,

il s'engagea à tout ce qu'ils pourroient fouhaiter quand il feroit le
maître. Il gagna le parlement par
des moyens femblables ; employa
mille intrigues fecrettes pour s'y
faire des créatures & des amis, qui
lui furent fort utiles. Le premier
préfident étoit, felon les apparences, tout dévoué à la maifon du
Maine. Elle en tira peu de fecours.
C'étoit un grand courtifan & un
homme médiocre, d'un efprit &
d'une fociété agréables, foible, ti-
mide, rempli de ces défauts qui
aident à plaire, & empêchent de
fervir.

Le roi languiffant tomba enfin dangereufement malade. Sa
perte annonçoit tant de malheurs

à monsieur le duc du Maine & à
sa famille , qu'on ne pensa plus à
autre chose. Madame la duchesse
du Maine courut à Versailles. La
douleur & les inquiétudes succé-
derent à la joie & aux plaisirs qui
l'avoient suivie jusqu'alors. Elle
vit madame de Maintenon , la
pressa d'éclaircir ce qu'il étoit si
important de sçavoir. Elle ne voulut s'ouvrir sur rien , ni entendre
aux moyens qu'on lui proposa de
suggérer au roi , pour affermir ce
qu'il avoit réglé en faveur des princes légitimés. Le soin de le ménager, la crainte de le perdre, firent alors disparoître tout autre
interêt aux yeux de sa favorite. Il
se porta de lui-même, dans le cours

de fa maladie, à donner au duc du Maine une diftinction, dont le duc d'Orléans fut vivement piqué. Il avoit auparavant ordonné la revue des troupes de fa maifon; & ne pouvant s'y trouver au jour marqué, il la fit faire au duc du Maine. Ce comble d'honneur fembla préfager fa ruine, & fervit peut-être à l'accélérer.

Ce prince enfin apprit du roi même, quelques jours avant fa mort, les difpofitions de fon teftament. C'étoit trop tard pour profiter de cette inftruction. Le duc du Maine ne put que repréfenter au roi les inconvéniens de ce qu'il faifoit pour lui, & le mécontentement qu'en auroit le duc d'Orléans, trop en état de relever son crédit, pour être offensé impunément. Le roi persista à laisser les choses comme elles étoient réglées par ce testament.

Il établissoit un conseil de régence, dont il nommoit les membres, & le duc d'Orléans pour chef. Tout s'y devoit décider à la pluralité des voix. Il donnoit au conseil la tutelle du jeune roi; la surintendance de son éducation, la garde de sa personne, & le commandement des troupes de sa maison, au duc du Maine. Cette autorité l'auroit mis en état de se soutenir, s'il avoit pu la conserver. Mais ne sçait-on pas que les rois, quelqu'absolus qu'ils soient, n'étendent pas leur puissance au-delà du tombeau ? Las de leur obéir, on se souftrait volontiers à des loix sans appui, fortement ébranlées par les intérêts d'un nouveau maître.

Louis XIV étant mort le premier de septembre, l'assemblée du parlement, où la régence devoit être réglée, se tint le lendemain matin au Palais. Elle fut donnée, malgré les dispositions contraires, au duc d'Orléans, avec un conseil de régence, sans lequel il ne pourroit rien faire. Content de s'être assuré du principal, & troublé de ce succès inespéré, il s'enferra dans le discours qu'il tint à ce sujet, de maniere à laisser toute l'autorité au conseil. Un homme habile, dévoué aux interêts du nouveau régent, & préfent à l'affemblée, fentit le tort qu'il fe faifoit, & lui fit adroitement paffer un billet, par lequel il lui marquoit qu'il étoit perdu, s'il ne rompoit la féance. On la remit, fous quelque prétexte, à l'après-dîner. Le duc d'Orléans profita de cet intervalle, pour fe concerter avec fes amis. On lui prépara un difcours, où il fit voir les inconvéniens de l'autorité partagée, & la néceffité de la laiffer réfider toute entiere dans fa perfonne; confentant néanmoins de ne prendre aucun parti dans les affaires d'état, qu'avec la délibération du conseil de régence , lequel devoit être formé à son choix ; & lui maître absolu de la distribution des graces.

Tout cela passa ; & à cette occasion , il dit qu'il étoit ravi de se voir lié pour le mal , & libre pour le bien.

On régla dans la même séance , que le duc du Maine auroit la surintendance de l'éducation du roi ; mais sur de nouvelles représentations du duc d'Orléans , il fut décidé qu'on ne lui laisseroit pas le commandement des troupes de sa maison.

Quelques-uns des membres du parlement représenterent , qu'on ne pouvoit se dispenser de donner au furintendant de l'éducation du roi le commandement du guet, c'eft-à-dire de la garde qui fert chaque jour auprès de lui, fans quoi il n'en pourroit répondre. Ce point contefté fut encore refufé. Le duc du Maine demanda qu'il fût donc déchargé, par l'acte qui l'établiffoit auprès du roi, de répondre de fa perfonne. Il obtint d'abord cet article : mais enfuite on lui repréfenta qu'il feroit indécent que le parlement lui donnât une telle décharge; & il fe rendit. Dépouillé de toute autorité, ce précieux dépôt, qu'il ne conferva pas long-temps, lui devenoit inutile. Le jeune roi féant dans fon lit de juftice, confirma quelques jours après, tout ce qui avoit été fait au parlement.

Madame la duchesse du Maine voulut être à Paris dans cette importante conjoncture. Elle s'y trouvoit sans habitation, n'en ayant pas eu d'autre jusqu'alors, que le logement du grand maître de l'artillerie, à l'Arsenal, qu'on avoit abbattu depuis peu pour le rebâtir. Elle emprunta l'hôtel de Mesmes du premier président ; & comme il n'y avoit pas assez de logement pour toute sa suite, elle me laissa à Versailles. Je lui fis témoigner le chagrin que j'avois de n'être point auprès d'elle dans les circonstances présentes, & demander si elle trouveroit bon, pour

m'en rapprocher , que je cher-
chaſſe quelqu'un dans le voiſinage , qui voulût me loger. Elle y
conſentit avec plaiſir. Je m'adreſ-
ſai à cette compagne de couvent ,
qui m'avoit amenée à Paris , avec
promeſſe que ſa maiſon devien-
droit la mienne , auſſi-tôt que ſon
mariage ſeroit fait. Il l'étoit ; &
elle refuſa de me donner aſyle
pour quelques jours. Le peu d'expérience que j'avois du monde, fit
que ſon procédé me ſurprit : j'ai
bien appris depuis à ne me pas
étonner ſi aiſément. Un frere de
madame de Grieu , qui logeoit
avec une de ſes niéces dans ce
quartier-là, m'offrit une chambre
que j'acceptai. Je n'attendois rien

de fa part. J'eus ce mécompte à contrefens de l'autre, qu'il répara. Je n'y reftai que quelques jours, madame la duchefse du Maine ayant trouvé à l'hôtel de Mefmes une efpece de caveau où l'on me fourra.

Les inquiétudes que lui caufoient les événemens préfens, lui avoient fait perdre le fommeil. La femme qui lui faifoit des contes pour l'endormir, n'y pouvant fuffire, elle me propofa de lire la nuit auprès d'elle. Je pris avec joie cette pénible fonction, la regardant comme un moyen de gagner fa confiance, & de m'acquérir plus de confidération & d'agrément. Je ne fus pas trompée à cet égard; mais je trouvai une grande

difproportion de mes forces à cet
onéreux exercice, qui fe renou-
velloit toutes les nuits, fans in-
terruption.

La princeffe trouva que je lifois bien, & que je ne parlois
point mal. Elle s'accoutuma à
m'entretenir : toute remplie des
affaires de fa maifon, c'étoit l'u-
nique objet de fes converfations
nocturnes. Les faits, les projets,
les plaintes, les regrets, tout y
entroit. Cette pleine confiance,
quoique je puffe croire que ce fût
moins abondance de cœur, qu'a-
bondance d'idées, me toucha fen-
fiblement. Les fimples apparences
de l'eftime & de l'amitié, furtout
de la part des grands, ne manquent

guere de nous féduire. Je pris un véritable attachement pour ma princeffe ; & je me dévouai avec d'autant moins de réferve , au foin de lui plaire , qu'elle n'exigeoit rien de moi qui ne fût parfaite-ment d'accord avec l'eftime que je voulois d'elle.

Nous ne demeurâmes pas long-temps à l'hôtel de Mefnes. Le roi fut d'abord à Vincennes ; & peu après la cour s'établit à Paris. La furintendance de l'éducation , ref-tée à monfieur le duc du Maine , lui donnoit de droit fon logement aux Thuilleries. Madame la du-cheffe du Maine y en un eut auffi , où nous allâmes demeurer. Il ne s'y trouva , pour fa fuite , que deux grandes

grandes piéces, qui furent parta-
gées à ses femmes. J'eus, selon ma
destinée, un petit recoin sans jour
& sans feu que celui d'une anti-
chambre commune : mais j'étois
à Paris, où j'avois toujours souhai-
té de vivre ; & malgré les inconvéniens de mon habitation , j'y
voyois bonne compagnie. Depuis
que j'ai été en situation de recevoir mes amis plus commodément,
je n'ai plus vu personne. J'étois
jeune alors ; & cela rend plus que
tout ce qu'on peut acquérir, en
perdant ce précieux avantage.

L'abbé de Chaulieu, qui avoit
pour moi une passion aussi vive
qu'on en peut avoir à quatre-vingt
ans, me reprochoit un peu de co-

quetterie. Je l'affurois qu'elle ne tenoit qu'au befoin que j'avois de plaire, pour faire fupporter les rigueurs de mon logement. Si je n'en euffe mis autant dans mes ma-nieres, tout auroit déferté. Je lui donnai parole, & la lui ai tenue, que lorfque j'aurois une fenêtre & une cheminée, je renoncerois à l'attention de me rendre agréable.

Ce pauvre abbé, qui étoit aveugle, me prêtoit, à fon choix, les charmes les plus propres à le fé-duire; & ne comptant plus fur les fiens, il tâchoit de fe rendre ai-mable, à force de complaifance & d'attention à prévenir tout ce que je pouvois défirer. Il n'avoit rien perdu des agrémens de fon efprit;

j'en donne pour preuve ces vers,
qui font, je crois, les derniers qu'il
ait faits. Le portrait ne me reffemble, ni dans le mal, ni dans le
bien qu'il dit de moi ; mais on y
voit que fa nouvelle ardeur rendoit à fon imagination ce que l'âge
avoit dû lui faire perdre.

Launay, qui fouverainement, &c.
Jé célébre ta victoire, &c.
(*Voyez ces deux piéces à la fin des Mém.*)

L'abbé propofoit fouvent d'a-
jouter des préfens à l'encens qu'il
m'offroit. Importunée un jour des
vives inftances avec lefquelles il
me prioit d'accepter mille piftoles,
Je vous confeille, lui dis-je, en
reconnoiffance de vos généreufes
offres, de n'en pas faire de pareil-

T ij

les à bien des femmes ; vous en trouveriez quelqu'une qui vous prendroit au mot. Oh ! je sçais bien, dit-il, à qui je m'adresse. Cette réponse naïve me fit rire. Il m'exhortoit souvent à la parure, & tâchoit de me faire honte de n'être pas mieux mise. Abbé, lui disois-je, je me trouve parée de tout ce qui me manque. Nayant d'autre ressource que ses soins, il les redoubloit sans cesse. Il m'écrivoit tous les matins, & me venoit voir tous les jours, à moins que je ne l'agréasse pas. La lettre étoit pour sçavoir mes volontés ; & quand je préférois son carrosse à sa personne, il me l'envoyoit sans murmure, & j'en disposois sans façon. J'avois la puissance despotique sur toute sa maison. On a rarement l'autorité en main, sans en abuser : j'exerçai la mienne, entr'autre occasion, pour un petit laquais, qui m'apportoit ses lettres. Il vint un jour m'apprendre que son maître l'avoit chassé. Je lui dis, sans m'informer s'il avoit tort ou raison : Retournez chez lui, & lui dites que vous y resterez, parce que tel est mon plaisir. Il le reprit avec soumission. Mon protégé n'honora pas ma protection ; il fit tout du pis qu'il put, sans qu'on osât lui rien dire.

Lorsque je voulois bien aller souper au Temple chez lui, ou chez le grand-prieur, il y rassembloit, à ſes riſques & périls, les gens les plus agréables , & tous ceux que je pouvois ſouhaiter. Enfin il ne ſongeoit qu'à remplir ma vie de tous les amuſemens dont elle étoit ſuſceptible ; & il me fit connoître qu'il n'y a rien de plus heureux que d'être aimé de quelqu'un qui ne compte plus ſur ſoi, & ne prétend rien de vous.

Je voyois auſſi preſque tous les jours monſieur de Valincourt qui, ſans prendre le ton galant, me témoignoit un véritable attachement. La grande eſtime que j'avois pour lui, m'engageoit à lui donner beaucoup de préférence : quelques autres en étoient ſouvent piqués, & les interprétoient ſelon leurs caprices, que je ne penſois pas devoir reſpecter. Un de ceux-là étoit R. . . . . qui, en faiſant le tour du monde, étoit venu juſqu'à moi, avec le jeu vrai ou faux d'une grande paſſion. Tranſports, inquiétudes, jalouſies, reproches, rien n'y manquoit ; & tout étoit ſi bien repréſenté, que la ſcène en devenoit intereſſante. Sa converſation, & ſurtout ſes lettres, meilleures qu'aucunes que j'aie vues en ce genre, m'amuſoient infiniment. J'avouerai qu'on eſt flatté d'être aimé avec perſévérance de gens qu'on n'aime point, & qu'on ne trompe pas.

J'avois encore d'autres compagnies agréables. Monſieur de Fontenelle, qui n'a jamais recherché que les habitans de son quartier, me voyoit alors fort souvent. Le duc de Brancas, dont l'imagination vive & brillante produisoit tant de traits singuliers, me rendoit quelque hommage. J'avois adouci la férocité de Toureil ; il ne me brusquoit pas. Plusieurs autres, dont le souvenir ne m'est pas présent, s'empressoient à me voir. Le commerce & les complaisances de tant de gens d'esprit, de caracteres différens, mettoient de la variété & de l'agrément dans ma vie, sans y mêler aucune inquiétude ; & j'aurois pu la goûter, si elle n'avoit été traversée par la fatigue de mes veilles, & par les

harcéleries de mes compagnes ja-
loufes , qui non contentes de m'arracher, par leurs niches , le peu de
repos que j'attrappois le jour ou
la nuit, me firent congédier l'un
après l'autre , pour me fouftraire à
leur critique, la plupart des gens
que je voyois. En vain me difoit-
on que c'eft acquiefcer au blâme,
& rendre des liaifons fufpectes ,
que de les rompre; je fçavois que
celles où l'on doit renoncer, on
n'y renonce pas , & que nulle
preuve d'indifférence n'eft auffi
évidente que celle-là.

Avant que de paffer à des chofes plus importantes , je reprends
ce que j'ai laiffé en arriere fur monfieur de Silly. Il étoit revenu d'Al-

lemagne fans m'en avertir, ni me
donner aucun figne de vie. Je rencontrai à Verfailles, avant la mort
du roi, un de fes gens que je con-
noiffois. Je lui demandai en quel
pays étoit fon maître, dont je n'a-
vois eu nulle nouvelle depuis long-
temps. Il me dit qu'il étoit revenu
il y avoit quelques mois. Je vis
qu'il me traitoit comme une vieille
gazette, dont on n'a plus que faire.
L'indignation que j'en conçus le
dégrada dans mon cœur ; & les
affaires qui furvinrent, jointes aux
diftractions qui s'y mêlerent, l'é-
carterent un peu de mon efprit.
Enfin l'eftime que je m'étois ac-
cordée fur le témoignage d'autrui,
me dégoûta de tenir fi fortement

à quelqu'un qui ne tenoit point du tout à moi. Cependant les sentimens impériffables que j'avois pour lui ne firent que changer de forme ; de leurs débris naquit la tendre & parfaite amitié que je lui confervai toujours, & qui ne me laiffa jamais donner à perfonne aucune préférence fur lui. Il avoit pris une maifon à Paris ; la marquife de Silly étoit fortie de fa communauté ; & ils demeuroient enfemble. Invitée, ou point invitée, je ne m'en fouviens pas, je fus la voir ; & je le vis. Il vint auffi chez moi aux Thuilleries, mais rarement. Ses liaifons avec le régent, & fon fanatifme de politique, lui faifoient craindre toute ap-

parence de relation dans notre maifon. L'abbé de Chaulieu à qui rien
n'échappoit, le trouvant un jour
avec moi, démêla d'abord ce que
j'étois pour lui ; fa grande fagacité
en fait de fentimens, lui fit re-
connoître les miens tout changés
qu'ils étoient. Il tira de cette connoiffance un nouveau & fingulier
moyen de me plaire, en me pro-
pofant des parties dont il mit monfieur de Silly, pour me les rendre
infiniment agréables. Je me fouviens entr'autres d'un dîner qu'il
nous donna avec mademoifelle de
Vauvray dans la maifon du grand-
prieur à Clichy, où je me diver-
tis extrémement. Ma fenfibilité
diminuée me laiffoit goûter les

plaiſirs ſimples, tels que les fournit un beau jour, un lieu agréable, une excellente compagnie.

Ma faveur auprès de ma prin-ceſſe prit un nouvel accroiſſement des embarras qui lui ſurvinrent. Le duc d'Orléans, dans le temps qu'il avoit tout craint, avoit tout promis; il s'étoit engagé avec monſieur le duc, bleſſé du rang & des prérogatives des princes légi-timés, d'anéantir les titres qui les en mettoit en poſſeſſion. Mais ne voulant pas ſouffrir que cette af-faire fût portée à l'aſſemblée du parlement, ni au lit de juſtice qui devoit regler la régence, de peur d'y jetter des embarras préjudicia-bles à ſes interêts; il fit entendre à monsieur le Duc qu'il ne falloit songer dans ce moment qu'à établir l'autorité de son altesse royale, qui, bien constatée, le mettroit en état d'exécuter tout ce qu'il lui avoit promis. Monsieur le duc consentit à ce délai ; mais aussitôt qu'il vit la régence affermie entre les mains du duc d'Orléans, il le somma de sa parole ; & voulut présenter une requête, par laquelle il demandoit au roi, qu'il lui plût tenir son lit de justice, pour révoquer l'édit qui appelloit les princes légitimés, au défaut des princes légitimes, à la succession à la couronne ; & la déclaration qui leur donnoit le titre, les rangs & honneurs de princes du sang.

Le régent, qui gardoit encore des ménagemens avec le duc du Maine, tant par les égards politiques, que par ceux qu'il avoit pour madame d'Orléans, l'avertit du dessein de monsieur le duc, l'assura qu'il ne s'y prêteroit pas. Cette princesse en donna avis aux princes ses freres.

Cependant le comte d'Eu ayant atteint l'âge de quinze ans, où, selon la prérogative des princes du sang, il devoit entrer au parlement ; le duc d'Orléans craignit que ce nouvel acte d'un droit, dont monsieur le duc réclamoit l'abolissement, ne fît éclater ce prince qu'il tâchoit de contenir. Il pria le duc du Maine de différer cette démarche, promit qu'on n'y perdroit rien, que le comte d'Eu ne seroit pas traité autrement que son frere; & assura qu'il tiendroit compte de cette complaisance. Quoique le duc du Maine en vît le danger, il céda, comme on céde toujours à celui qui est le maître.

Le grand procès sur la succession de monsieur le prince, que monsieur le duc avoit perdu depuis peu contre madame la duchesse du Maine & les princesses ses sœurs, outre le ressentiment qu'il avoit allumé, laissoit encore de grandes discussions pour le partage des biens de la maison de Condé, entre lui & les princesses ses tantes.

tantes. Dans le cours de cette affaire, il fut queſtion d'un acte que
monſieur le duc devoit paſſer avec
le duc du Maine, où celui-ci ayant
pris, comme il avoit coutume de
faire, la qualité de prince du ſang,
monſieur le duc ne voulut ſigner
l'acte, qu'en marquant par une
proteſtation qu'il lâcha, que c'é-
toit ſans approuver les qualités.
Ce fut-là le premier ſignal de la
guerre entre les princes légitimes
& les princes légitimés.

Pour l'étouffer dans ſon commencement, monſieur le duc du
Maine crut qu'il falloit ſe préter à
tout ce que déſiroit monſieur le
duc ſur leurs affaires d'interêt ; &
il preſſa madame la ducheſſe du

Maine d'accepter les propofitions défavantageufes qui lui étoient faites au fujet de fes partages. Quoiqu'elle y fût léfée de plus de moitié de fon bien, elle y confentit de bonne grace, pour faciliter un accommodement qu'on traitoit, avec monfieur le duc du Maine, fur les autres points.

Il convint de retirer fa proteftation ; confentit que les princes légitimés priffent la qualité de princes du fang, excepté dans les actes qu'ils pafferoient avec lui ; promit de ne les point attaquer fans la permiffion du régent, & de n'exciter les ducs ni autres à les attaquer. Ce projet fut communiqué au duc d'Orléans, qui, fçachant

le confentement qu'il avoit donné
d'avance aux pourſuites de mon‐
ſieur le duc contre les princes lé‐
gitimés, fit ſentir au duc du Maine
qu'il ne devoit pas ſe fier aux con‐
ditions de ce traité, & encore
moins y ſacrifier de grands inte‐
rêts. Néanmoins ce prince ne pou‐
vant croire que monſieur le duc
voulût tirer avantage d'une paro‐
le qu'il auroit donnée, & qu'il ne
tiendroit pas, paſſa outre ; on dreſ‐
ſa la tranſaction pour ce qui regar‐
doit les partages de madame la du‐
cheſſe du Maine, aux conditions
propoſées par monſieur le duc :
elle fut ſignée & remiſe entre les
mains de madame la princeſſe. La
proteſtation de monſieur le duc

fut retirée, & il s'engagea à tous les articles dont on étoit convenu.

Cette paix ne fut pas de longue durée. Une ancienne fentence, produite à l'occafion de quelques affaires de famille, où fe trouva la qualité de prince du fang prife, avec monfieur le duc, par monfieur le duc du Maine, réveilla la querelle qu'on ne cherchoit qu'à renouveller. Monfieur le duc veut que cette fentence foit retirée, & déclare qu'il ne laiffera fubfifter l'édit de 1714, & la déclaration de 1715 en faveur des princes légitimés, qu'autant qu'ils n'en feront nul ufage. S'ils dorment, dit madame la duchefse, nous dormirans ; s'ils fe réveillent , nous nous réveillerons. Madame la princeffe craignant peut-être alors qu'on ne fongeât à revenir contre la tranfaction reftée entre fes mains , la fit homologuer au parlement.

Monfieur le duc voyant que les princes légitimés ne fe départiroient pas d'eux-mêmes des avantages dont ils jouiffoient, préfenta, conjointement avec le comte de Charolois & le prince de Conti , fa requête au roi , fuivant fon premier deffein. Les princes légitimés en préfenterent une de leur côté , pour demander que l'affaire fût renvoyée à la majorité du roi ; comptant par ce délai de s'affermir dans leur poffeffion , & de

trouver alors un tribunal plus favorable. Le régent parut d'abord
goûter cet expédient. Mais l'inf-
tabilité de fes penfées ne lui per-
mettant jamais de fe fixer à la premiere, toujours la meilleure qu'il
eût, il nomma des commiffaires
pour juger ce grand procès ; difant qu'on ne pouvoit laiffer fi
longtemps indécife une contefta-
tion qui produifoit tant d'inconvéniens.

Il parut alors une multitude
d'écrits imprimés pour établir ou
réfuter les raifons de part & d'autre. La matiere n'y étoit qu'ébau-
chée ; mais elle fut traitée à fond
dans le grand mémoire des princes
légitimés, qui fe fit fous les yeux

de madame la duchesse du Maine par le cardinal de Polignac, monsieur de Malesieu, & monsieur Davisart avocat général du parlement de Toulouse, qui avoit été présenté depuis peu à monsieur le duc du Maine, comme un homme de beaucoup d'esprit, & d'une capacité supérieure dans les affaires.

Madame la duchesse du Maine contribua beaucoup elle-même à cet ouvrage, non-seulement par ce qu'elle tiroit de ses propres lumieres, mais encore par ses laborieuses recherches. La plus grande partie des nuits y étoit employée. Les immenses volumes entassés sur son lit, comme des montagnes

dont elle étoit accablée , la faisoient, disoit-elle, ressembler, toute proportion gardée , à Encelade
abîmé sous le mont Etna. J'assistois
à ce travail , & je feuilletois aussi
les vieilles chroniques & les juris-
consultes anciens & modernes, jusqu'à ce que l'excès de fatigue dis-
posât la princesse à prendre quelque repos. Alors succédoit une
lecture que je faisois pour l'endormir. Puis j'allois de mon côté
chercher le sommeil, que je ne
trouvois guere.

Le désir d'enrichir cet ouvrage
de tout ce qui pouvoit lui donner
plus de poids , faisoit ramasser de
toutes parts les exemples & les
autorités favorables à la cause.

Mille gens obfcurs s'offroient à
ces recherches, & venoient apporter leurs minces découvertes ; la
plupart m'étoient renvoyés , ou
avertis du moins de s'adreffer à
moi. Un entr'autres renommé par
fon grand fçavoir (c'étoit Boivin
l'aîné, plus Hébreux que François,
plus au fait des ufages des Chal-
déens que de ceux de fon pays,
qui ne connoiffoit d'autre cour
que celle de Sémiramis), demanda d'être introduit à la nôtre avec
fes antiques tréfors, peu utiles à
l'affaire dont il s'agiffoit. Des
exemples tirés de la famille de
Nemrod n'euffent été guere con-
cluans pour celle de Louis XIV.
Cependant on lui donna jour, &

on lui fit dire de venir chez moi. Lorſqu'il arriva, j'étois à la toilette de madame la ducheſſe du Maine. On vint m'avertir. Elle me dit: Ne vous en allez pas ; il n'y a qu'à le faire entrer, je le verrai. Il entra chez elle, préoccupé qu'on le menoit chez une de ſes femmes de chambre. Les lambris dorés, l'appareil de ſa toilette, la quantité de gens qui la ſervoient, rien ne put le tirer de ſa premiere penſée. Il lui parla, l'appella toujours mademoiſelle, & ſortit ſans ſe douter qu'il eût parlé à d'autre qu'à moi.

Ce trafic d'érudition me mettoit en commerce avec des gens de toute eſpéce. Un des plus te-

naces, fut un abbé le Camus, introduit par une prétendue comteffe, réellement à l'aumône. Ils
jouerent l'un & l'autre un rôle dans
notre grande piéce, tout indignes
qu'ils étoient, par leur platitude,
d'y paroître. Parmi ces fçavantaf-
fes, un gentilhomme, ci-devant
moine, fe fit préfenter, fes écrits
en main, par la fufdite comteffe.
Elle lui perfuada que, pour les faire valoir, il falloit me donner un
fouper chez lui. Je ne pus l'éviter.
J'y fus avec notre affamée comteffe, qui ne fe poffédoit pas de fe
voir fur le point de fouper. Je trouvai dans cette maifon une compagnie plus de l'autre monde que de
celui-ci. Sur le vifage du maître du

logis, riche & avare, étoit peinte
la douleur qu'il avoit de nous donner à manger. La mienne n'étoit
pas moindre : & mon ennui devint
tel, que, ne sçachant que faire, je
me mis à attiser un assez mauvais
feu. Je saisis avec de bonnes pin-
cettes quelque chose que ma vue
infidelle me fit prendre pour un
tison hors de sa place, que je mis
brusquement derriere une buche
à demie allumée. C'étoit une cho-
colatiere fort noire pleine de chocolat. Je n'avois eu garde d'imaginer ce régal, aussi déplacé que
le prétendu tison. La liqueur, en
se répandant, éteignit le feu & la
joie des convives, & jetta notre
hôte dans la derniere consterna-

tion. Je lui dis , pour le confoler ,
qu'on fe paffoit bien de chocolat
après fouper. Je crois qu'il n'en
aura fait de fa vie , pour ne pas re-
tomber dans un fi trifte accident.

Je fis encore , avec la comteffe
& l'abbé , une partie plus baroque
que celle-ci. Ils me firent voir
une autre intriguante, munie , à ce
qu'ils prétendoient , des plus im-
portans fecrets. Elle étoit amie
d'un abbé de Verac, qui avoit écrit
pour ou contre monfieur le duc ;
& dont on pouvoit , felon eux , tirer de grandes lumieres. Madame
la ducheffe du Maine femblable
à ces malades , qui , non contens
de confulter d'habiles médecins ,
écoutent auffi les charlatans , re-

cevoit tous ces avis, & m'envoyoit à la découverte. Je ne tirai de la dame du Puy, c'est ainsi qu'elle se nommoit, qu'une entiere persuasion de l'inutilité de son commerce.,

Nos gens revinrent à la charge, & dirent, qu'elle parleroit à table comme la Pythie fur le trépied. Toutes leurs intrigues tendoient à attraper quelques franches lippées. Je fus condamnée à fouper avec cette troupe de brigands. On me mena dans un jeu de paume, lieu du feftin ; bâtiment à moitié détruit. Je parcourus de fombres détours, & traverfai des planchers tranfparens. Ces paffages fcabreux me donnerent des idées effrayan-

tes. Je ne fçavois fi l'on me conduifoit au fabbat ; fi j'allois trouver un coupe-gorge, ou pis encore. L'affemblée, quand je l'eus
jointe, ne me raffura pas : elle me
parut de gens propres à ces divers
myfteres. Les chanfons dont s'é-
gaya le repas ne s'y accordoient
pas moins. Le vin, qu'y but la dame
du Puy, ne lui fit rien révéler de
fes profonds myfteres. Elle reparut
encore chez nous avec fes difcours
ambigus, dont on n'eut jamais
l'éclairciffement. C'étoit peut-être
une efpionne. Quoiqu'il en foit,
fon manege n'aboutit à rien. Je
n'en fais mention, que parce qu'elle fut citée dans des pieces auten-
tiques de notre grande affaire.

Le mémoire fur celle des princes légitimés, s'acheva. Il étoit
beau & bien écrit; mais le fuccès ne
répondit pas aux peines qu'il avoit
coûtées. Le procès fut jugé &
perdu pour eux ; l'édit qui les appelloit à la fucceffion à la couronne, révoqué, comme la déclaration qui leur donnoit le titre de
princes du fang. On ne leur en
laiffa que le rang, & les honneurs
dont ils avoient précédemment
joui en vertu de leurs anciens bre-
vets. La prérogative de traverfer
le parquet au parlement fut con-
fervée, eu égard à la poffeffion,
au duc du Maine & au comte de
Touloufe, leur vie durant. Par cet
arrêt de 1717, on laiffoit fubfifter

l'ancienne

l'ancienne déclaration qui donnoit, à eux & à leur poftérité, un
rang intermédiaire au parlement.
Le prince de Dombes fut privé du
rang qu'il y avoit eu ; apparemment pour vérifier la promeſſe faite par le régent d'égaler le ſort des
deux freres.

Fin du tome premier.

www.ingramcontent.com/pod-product-compliance
Lightning Source LLC
LaVergne TN
LVHW021515170726
843501LV00004B/875